Fuera de Juego

Ángel Luis Montilla Martos
Fina García Naranjo

Colección dirigida por Concha Moreno García

NIVEL ELEMENTAL

SOCIEDAD GENERAL ESPAÑOLA DE LIBRERÍA, S. A.

Primera edición, en 2000

Produce: SGEL - Educación
     Avda. Valdelaparra, 29
     28108 Alcobendas (MADRID)

© Concha Moreno García
   Ángel Luis Montilla Martos
   Josefa García Naranjo

© Sociedad General Española de Librería, S. A., 2000
   Avda. Valdelaparra, 29 - 28108 Alcobendas (Madrid)

ISBN: 84-7143-835-6
Depósito Legal: M. 41.988-2000
Printed in Spain - Impreso en España

Coordinación editorial: Julia Roncero
Cubierta: R. A. Comunicación Gráfica
Fotocomposición: Carácter
Impresión: Nueva Imprenta, S. A.
Encuadernación: F. Méndez

Indice

Introducción

Esta colección de lecturas está pensada para estudiantes extranjeros. Su objetivo principal es **entretener**, hacer que el alumno **disfrute** con la lectura y animarlo a buscar otras lecturas para seguir aprendiendo. Los autores quieren que los alumnos pasen un buen rato leyendo, que amplíen sus conocimientos culturales y lingüísticos y que, si lo desean, debatan en clase los temas propuestos.

Una de las características de esta colección es que las novelas que la integran no son textos adaptados, sino creados específicamente para el nivel al que corresponden. Todas están concebidas para que el docente trabaje cada novela a fondo, no como relleno o para pasar el tiempo. Ofrecen una amplia variedad de actividades y ejercicios que pueden desarrollarse en casa y en el aula. En efecto, después de cada novela hay una sección con la explotación de los textos, que ha sido pensada para desarrollar la comprensión lectora, para mejorar y profundizar en la gramática y el vocabulario, y para practicar la expresión oral y escrita.

Por otra parte, si los estudiantes desean simplemente leer y comentar sus propias impresiones, pueden hacerlo sirviéndose de las preguntas de comprensión lectora.

Al final de cada novela se ofrecen soluciones a las preguntas planteadas en las explotaciones. Se deja libertad de realización a las actividades de interacción o de expresión escrita. Dado que hay un solucionario final, son lecturas que pueden ser usadas de forma autodidacta.

En todas las novelas el lector encontrará notas a pie de página con explicaciones culturales o aclaraciones de frases hechas. Algunas palabras van marcadas con un asterisco que remite a un vocabulario final, traducido a tres idiomas. La trama de las novelas es variada pero, en todas ellas, la intriga y el humor son un ingrediente básico.

La colección de lecturas *LEE Y DISFRUTA* es un complemento necesario para las clases de español como lengua extranjera, no sólo por su contenido lingüístico sino, además, por su contenido cultural.

EL EDITOR

Por fin[1], *después de muchas dificultades*, podemos publicar las grabaciones* secretas del caso* Barboza.*

Durante once capítulos, desde hoy hasta el próximo día 14, nuestros lectores van a conocer toda la verdad* sobre este misterio que ha tenido al país atento* a las radios, los periódicos y las televisiones y que ha llegado a interesar más allá de nuestras fronteras*. No vamos a contar otra vez lo que todos saben ya. Pero es bueno recordar que todavía* hay detalles sin aclarar. Por eso* presentamos en exclusiva* las grabaciones originales de dos personas que han vivido muy de cerca los acontecimientos*. El detective "Oso Goloso*" (su nombre real no aparece por razones de seguridad*) ha retransmitido* durante unos días el seguimiento* que ha hecho a nuestro compañero Miguel Arteaga, quien al mismo tiempo graba* lo que sabe sobre el caso Barboza para escribir un libro. Tribuna de Hoy *no ha querido cambiar nada de lo que se oye en las cintas* y ha marcado con el signo [...] los silencios que existen en las grabaciones.*

Antes de comenzar tenemos que agradecer* al nuevo comisario* del Cuerpo Superior de Policía, el Sr. Matías Vázquez, su amabilidad* al ofrecernos las cintas de la investigación.

Seguro que disfrutan*.

---

[1] *Por fin:* expresión enfática que usamos cuando pasa algo que hemos esperado mucho tiempo o con muchas ganas.

I

Zorro Triste, Zorro Triste, aquí Oso Goloso. ¿Me recibes?[2]. Yo no te oigo. Hay un problema con el nuevo equipo, mi auricular interno* no recibe la señal. Voy a sacar* un poco más la antena. No me parece buena idea meter* un transmisor en una muela mal empastada*. Voy a presentar una queja* por escrito.

[...]

Ya está[3]... pero sigo sin oírte. Si me recibes, Zorro Triste, mueve las ruedas* con el volante*. Te veo bien desde esta mesa.
O.K., todo correcto.

[...]

Se acerca* el camarero. Comprobamos* las voces* externas.
— Buenas, ¿qué va a tomar?[4]
— Una cerveza sin alcohol.
— ¿De comer?
— Tráigame una tapa[5] de boquerones en vinagre. Ah, y unas aceitunitas[6].

Zorro Triste, mueve las ruedas si entiendes toda la conversación.
Bien. Seguimos. Ahí viene el camarero. A ver si la cerveza no hace cortocircuito* con la antena ni con las conexiones internas.
¿Te molesta el ruido* que hago al masticar*? Si te molesta, mueves las ruedas.
Vale, vale, de acuerdo; no voy a comer más hasta el final del servicio.
No hay rastro* del sospechoso*. Voy a describir a las personas que llegan al bar para probar el sistema del nuevo comisario.
[...]

---

[2] *Zorro triste, ... aquí Oso Goloso. ¿Me recibes?* El personaje habla con un nombre falso (en clave) para comunicarse por radio con sus compañeros. Aquí los nombres en clave son de animales: el zorro es un animal muy astuto e inteligente; el oso es un animal grande y que puede ser marrón, blanco.

[3] *Ya está:* frase que usamos para decir que algo está solucionado o terminado o cuando queremos concluir una conversación.

[4] *Buenas, ¿qué va a tomar?...: Buenas* es un saludo informal que se puede usar a cualquier hora del día o de la noche. *¿Qué va a tomar?* es la frase que normalmente usan los camareros para preguntar qué vamos a beber o comer. También puede decirse: *¿qué va a ser?, ¿qué le pongo?*

[5] *Tapa:* es una pequeña porción de algunos alimentos que se sirve para acompañar a las bebidas en los bares, tabernas,…

[6] *Boquerones en vinagre:* tipo de pescado que se prepara dejándolo en vinagre hasta que está blanco y después se añade aceite de oliva, perejil y ajo. *Aceitunitas:* diminutivo de aceitunas: fruto del olivo.

Entra una chica joven, de unos diecisiete o dieciocho años. Lleva una carpeta* de estudiante, de ésas con muchas fotos de cantantes de moda. Va hacia la barra*. Habla con el camarero. Le señala hacia donde estoy. Viene hacia mí. Es delgada. Lleva un jersey muy ceñido* y unos pantalones anchos* de cuadros verdes. No me mira. Es morena con el pelo corto. Veo que tiene algo metálico en el ombligo*.

Pasa de largo*.

Va hacia un teléfono que está detrás de mí.

Ahora entran dos hombres de unos cuarenta años. Parecen ejecutivos*: chaqueta, corbata, camisa azul y pantalones con raya*. Uno de ellos lleva unas gafas de diseño*. Se ponen en la barra. Piden algo. En seguida* el camarero les trae dos cervezas y unos pinchos[7]. Parece que es chorizo o butifarra con un poquito de pan[8]. Se las comen. Piden algo más. El camarero les trae una ensalada pequeña de pulpo[9].

Ahora entra un hombre de unos treinta años. Es rubio y mide* un metro setenta más o menos. Lleva una mochila* negra. Se sienta a una mesa. Parece que es nuestro hombre. El camarero se acerca a él. Hablan. No puedo oír. El camarero se va. El hombre saca un periódico de la mochila y empieza a hojearlo*. Lo cierra y mira pensativo* por la ventana. Llega el camarero. Le pone una cerveza y un pincho de tortilla[10]. No mira al camarero. Se rasca* la cabeza. Pone la mochila sobre la mesa, encima de la tapa y tira* la cerveza. El camarero llega y limpia. El hombre parece nervioso. Seca* el fondo de la mochila con unas servilletas* de papel. El camarero lo trae todo de nuevo. Parece que el cliente se disculpa* y el camarero dice que no importa o algo así, pero cuando regresa a la barra no tiene muy buena cara. El hombre mete el periódico en la mochila y saca algo, como una cámara de fotos pequeña. No. Parece una máquina de afeitar*. Sí. Se la acerca a la cara. Pero... Este tío está como una cabra[11]. Se está afeitando en medio de un bar. No, ¡le está hablando a la maquinilla!

[....]

---

[7] En algunos lugares se usa como sinónimo de tapa (*vid. nota 5*). Generalmente se sirve con un palillo.0

[8] *Chorizo o butifarra con un poquito de pan:* son tapas que se sirven como aperitivo, acompañando a la bebida. *El Chorizo y la butifarra* son embutidos del cerdo (parecidos al salami). En algunos lugares se ponen como acompañamiento gratis con la bebida.

[9] Ensalada de pulpo: ensalada especial preparada con algunas varduras (cebolla, tomate, pimiento,...) y con pulpo (molusco que vive en el mar y que tiene ocho patas). Se come fría.

[10] La tortilla es otra de las especialidades de la comida española. Está hecha con patatas y huevos (como ingredientes básicos) y se prepara con aceite de oliva. Según la zona y los gustos personales es posible añadir otros elementos como cebolla, pimiento, chorizo,... Si no se usan patatas se llama tortilla francesa.

[10] *Este tío está como una cabra: estar loco, estar chiflado.* En español son muy normales las expresiones basadas en comparaciones con animales u objetos. Aquí se compara a una persona con una cabra (animal con cuernos que sube a los montes difíciles y salta). Generalmente tienen un sentido simpático y amistoso

¡Ejem!... Perdón, Zorro Triste, no es una afeitadora, es una grabadora*
de mano. Parece que está comprobando las pilas*. Empieza a hablar otra vez.

II

En este segundo capítulo publicamos la primera cinta de Miguel
Artega. Está grabada en el mismo bar en el que el policía lo observa.*
Recordamos que Oso Goloso confunde* la grabadora de Miguel Arteaga*
con una maquinilla de afeitar.

Uno, dos, uno, dos, grabando, grabando[12].

Me llamo Miguel Arteaga. Soy periodista. Si alguien encuentra esta
cinta, puede llevarla al periódico *Tribuna de Hoy*.

Éstas son notas para el libro sin título sobre el caso Barboza.
Reflexiones. Estoy en un bar del centro de Madrid. He tirado la cerveza y he
manchado* la mochila. Si la grabadora no está estropeada*, sigo hablando.

¿Esto está funcionando?

Voy a tomar algunas notas en papel por si[13] no se graba bien.

[...]

Sí, parece que sí.

Repito, por si las moscas[14]: Notas para el libro sobre Barboza.
Antecedentes:

Todo comienza[15] el 15 de mayo en el partido* contra la Real Sociedad
de Teruel[16]. Para el Sporting de Madrid es uno de sus partidos más importantes. Está solamente a dos puntos del Club Deportivo Valenciano. Si

---

[12] *Uno, dos, uno, dos, grabando, grabando:* frase típica que se usa para hacer una prueba de sonido. Se
usa mucho antes de un programa de radio o de un concierto, cuando se quiere comprobar el equipo.
Aquí el periodista está probando si su grabadora funciona.

[13] *Por si...:* frase que se usa para señalar la causa por la que hacemos algo con la intención de estar preparados
para una eventualidad. Ej.: *Sí, ahora hace sol, pero me llevo el paraguas, por si las moscas / por si llueve.*

[14] Vid. nota 13.

[15] El periodista empieza a hablar de cosas del pasado usando el presente. Esto está permitido y en gramática recibe el nombre de presente histórico. Ej.: *Colón descubre América en 1492.* Sirve para acercar más las acciones que se cuentan.

[16] *Real Sociedad de Teruel:* nombre de un equipo que no existe. Tampoco existen el Sporting de Madrid
ni el Club Deportivo Valenciano. Todos los nombres de los equipos de fútbol que van a salir son falsos.

[17] *Ser el pichichi:* Pichichi es el nombre de un antiguo jugador de fútbol que metía muchos goles. La
expresión se usa ahora como sinónimo de máximo goleador.

gana*, puede ponerse por delante en la clasificación. Barboza hasta ese momento es el pichichi[17] y tiene una media de 2,3 goles por partido. Es la mejor inversión* del fútbol español, desde Cesare Valdini, el famoso defensa[18] italiano de la temporada 85-86.

Pues esa tarde a las seis el Sporting decide su futuro. El partido es muy aburrido, como casi todos. El fútbol es un deporte estúpido: pasan muy pocas cosas en demasiado tiempo. No sé si es culpa* del campo, que es muy grande, o de las reglas, que dejan a los jugadores empujarse* y quitarse el balón muy fácilmente. Como periodista deportivo me interesa mucho más lo que ocurre* fuera de los campos, en los despachos*, en los vestuarios*, en las radios...

Bueno[19], seguimos. Los dos equipos se tienen miedo*, sobre todo* el Teruel y por eso sale al campo con ocho defensas. Durante toda la primera parte está en su área. Por fin, en el minuto 38 del segundo tiempo, Barboza mete el único gol del encuentro. Como es su costumbre* se va hacia la bandera del córner[20], la agarra* con una mano y empieza a bailar alrededor sin soltarla*. Es un caso único* en el fútbol europeo: ningún compañero puede tocarlo* cuando marca. Debe estar solo en el córner bailando. Si alguien lo toca, puede estar semanas sin jugar. Pero algo anormal ocurre esta vez: de pronto* Barboza se detiene* y cae al césped*. El público se ríe, porque cree que es una nueva moda del brasileño para celebrar los goles. Pasan los segundos y el jugador no se mueve. Un policía se acerca, le toca el cuello* y llama a los camilleros*. El público calla* y un instante después grita*. El equipo médico saca a Barboza del estadio y lo lleva a una clínica privada, propiedad de uno de los socios más importantes del club. El primer parte médico* se da a las 21,15. El futbolista tiene una intoxicación* de origen desconocido. Los médicos piensan que todo puede ser a causa de las ostras* de un restaurante famoso de Madrid, donde el equipo come una vez por semana. Pero se analiza la sangre* de otros siete jugadores y no se encuentra nada.

[...]

¡Vaya![21], parece que esto no funciona.
¿Sí? ¿Sí? Probando.

---

[18] *Defensa:* jugador que defiende la portería de su equipo.
[19] *Bueno:* expresión que introduce un cambio de tema; en este caso sirve para volver al día del partido. También se puede usar para aceptar algo: una invitación, por ejemplo.
[20] *Bandera o banderín de corner:* objeto que señala o marca las cuatro esquinas o ángulos del campo.
[21] *Vaya:* expresión que se usa para manifestar sorpresa (positiva o negativa) ante algo: "Vaya, ahora se pone a llover".

[...]

Vale, está bien. ¿Por dónde vamos? Ah, sí, por las ostras.

El delantero* está en el hospital y el público no sabe nada. Entonces entro yo en acción. Después de la rueda de prensa* del doctor Ramírez Cárdenas, médico oficial del equipo, llego al periódico. Me esperan hasta el último momento para meter la información antes de cerrar. Solamente les doy la cinta con las declaraciones del doctor.

Al día siguiente hablo con algunos jugadores en el entrenamiento*. Parece que hay algo más de lo que se ha dicho a la prensa, pero no llegan a decirme qué es. Con los jugadores hay que tener mucho cuidado*: son capaces de inventar cualquier chisme[22] para conseguir* un puesto en el partido del domingo siguiente.

Almuerzo con Arturo, un fotógrafo de *La Tribuna Abierta*. Ha visto desde muy cerca el desmayo* del brasileño. Piensa que algo ha pasado. Le pregunto qué cree que es ese "algo" y me dice:

—No sé, algo. Algo extraño. Parece un rayo* lanzado desde una nave espacial, o un OVNI que te chupa* toda la fuerza en un segundo. No sé, tío[23], algo muy raro*.

Después de oír estas tonterías*, pido la cuenta[24], me voy y dejo a Arturo limpiando el objetivo de la cámara con una servilleta.

[...]

¡Vaya!, se acaban las pilas.
Sigo escribiendo el resto.

---

[22] *Inventar cualquier chisme:* la palabra "chisme" es coloquial y puede usarse en muchos contextos diferentes. Aquí se refiere a rumores, cosas no comprobadas. El periodista critica la actitud de los famosos que son capaces de contar lo que no es verdad para llamar la atención. En otros contextos, *chisme* se usa como sinónimo de instrumento, máquina,...

[23] *Tío:* apelativo coloquial similar a amigo, compañero. En España lo usan mucho los jóvenes.

[24] *Pedir la cuenta / traer la cuenta:* cuando decimos al camarero que queremos pagar estamos *pidiendo la cuenta.*

III

En el capítulo de hoy Miguel Arteaga sigue en el bar y ha dejado de* grabar. El resto de la escena lo conocemos sólo por la transmisión de Oso Goloso.

Zorro Triste, aquí Oso Goloso. El sospechoso corta* la grabación. Guarda* la máquina en la mochila. Bebe un poco de cerveza y come un trozo de tortilla. Mira por la ventana mientras mastica. Coge otra vez la mochila. Parece que saca una agenda*. Sí. Es una agenda. La abre y escribe algo.

Voy a acercarme para jugar un rato en la máquina tragaperras[25] que hay detrás de su silla. Desde allí no retransmito* para no llamar la atención*.

[...]

Ya estoy aquí. Me molesta un poco la muela donde está el micrófono. Parece que está escribiendo un texto largo o un cuento o un diario, no sé.

Ahora está pensativo con la punta* del bolígrafo entre los labios*, mirando por la ventana. Vuelve a beber cerveza y acaba la tortilla.

Estoy empezando a pensar que este sospechoso es un poeta o algo raro[26].

Voy a levantarme. Me invento algo para hablar con él y mantengo la conexión*, así puedes oírla.

—Hola, ¿me podría cambiar este billete en monedas?[27]

—Pues no. No tengo suelto[28]. ¿No tienen en el bar?

—Puede*, pero no quiero preguntar, porque estoy enganchado[29] al juego y no me lo dan. Dicen que doy mala fama* al local.

---

[25] *Máquina tragaperras:* aparato que funciona automáticamente cuando se le introducen monedas. Algunas dan premios. Son típicas en los bares españoles. Se llama así porque la perra es el nombre coloquial de una moneda antigua (*la perra gorda= 10 céntimos; la perra chica= 5 céntimos*).

[26] *Un poeta o algo raro:* a Oso Goloso le parece extraño que ese sospechoso escriba y por eso piensa que es alguien raro: los poetas generalmente tienen fama de ser un poco raros, fuera de lo normal.

[27] *¿Me podría cambiar...?:* frase cortés para pedir algo; el policía quiere cambiar un billete (dinero de papel) por monedas (dinero metálico).

[28] *No tengo suelto: No tengo monedas.* El *suelto* se usa para nombrar al conjunto de monedas fraccionarias distintas del billete.

[29] *Estar enganchado:* expresión coloquial para decir que somos adictos a algo. Viene del mundo de las drogas.

—Hombre[30], eso de la ludopatía se cura*.

—Ya, pero es que a mí me gusta. Me distrae*, ¿sabe?

—Pues vaya usted al fútbol, a los toros o al cine. Hay muchas cosas para distraerse.

—Sí, pero a mí sólo me gustan las maquinitas. Bueno, si no tiene cambio, no importa, gracias.

[...]

Zorro Triste, Zorro Triste, estoy en la mesa otra vez, ¿me recibes? Vale. El tío[31] sigue en su sitio. Está terminando otro pincho de tortilla.

Atención, Zorro Triste, el sospechoso está llamando al camarero. Le trae la cuenta y coge el dinero. Nuestro hombre se levanta y sale del bar.

Lo sigo.

Estoy en la calle. Él va a pie por la acera*. De pronto se para. Se toca los bolsillos*. Parece que busca* algo. Pone la mochila en el suelo y saca otra vez la grabadora. No, perdón otra vez, Zorro Triste. Es un móvil*. Está sonando*. Comienza a hablar. La conversación es animada*. Voy a encender* un cigarro y a cambiarme de acera.

El sospechoso se para en una esquina* y guarda el móvil. Mira hacia mí. Está levantando un brazo*. Sabe que estoy aquí, sabe que lo seguimos, Zorro Triste, hay que suspender la operación*. Me está llamando. Me está gritando. Esto es un desastre*. Voy a pedir un puesto* en una oficina. Algo tranquilo, como guardar informes antiguos, firmar* papeles o hacer copias de seguridad en disquetes[32].

[...]

Zorro Triste, Zorro Triste, es una falsa* alarma. Está llamando a un taxi. Se sube. Estoy en el nº 54 de la Calle Olmos, en la puerta de una pastelería*. Alguien tiene que recogerme* ya. Si no viene pronto, lo perdemos*.

[...]

—Por fin. Anda[33], Ramírez, rápido, vamos por la avenida, pero sin sirena*, ¿eh?

---

[30] *Hombre:* interjección para manifestar sorpresa (man, tipe, Mann). También se usa como apelativo sinónimo de amigo, compañero (*vid.* nota 23).

[31] *Tío:* Se usa como sinónimo de persona. Ese/a *tío/a* no me gusta. (*Vid.* nota 23).

[32] Trabajar en una oficina haciendo cosas fáciles (firmar papeles, archivar documentos, ...) es el sueño de muchas personas que tienen un trabajo más físico, más activo. Este tipo de frases se usa para manifestar cansancio.

[33] *Por fin, anda: Por fin: vid.* nota 1. *Anda* es un imperativo que usamos para animar a hacer algo. También puede significar sorpresa (positiva o negativa).

IV

Oso Goloso sigue a Arteaga, que ha salido del bar. El capítulo de hoy reproduce la grabación de nuestro compañero en el interior de un taxi y unos momentos después de bajarse.

Cinta número dos del libro sobre Barboza.

[...]

No recuerdo* qué tengo que grabar ahora.

Pues no sé qué más decir. Ahí se acaba la historia.

—Chófer, usted tranquilo si me oye hablar solo. Soy periodista y estoy tomando notas para un libro.

—Yo no me asusto* ya de nada. Son veintidós años en el taxi. He conocido a muchos chalados y delincuentes*. Estos asientos* han visto ocho partos* ya. Y ¿de qué va el libro[34], si se puede saber?, de política, ¿no?

—No, va de fútbol.

—¿De fútbol? Si el fútbol no se lee.

—Pero el periódico que más se vende en España es de fútbol[35].

—Ya, pero la gente sólo lee las letras grandes y mira las fotos.

—También es verdad.

—Bueno, ¿me dice adónde vamos? A mí me da igual[36] estar dando vueltas* y oyéndolo hablar solo toda la tarde.

—Sí, usted perdone. Vamos al zoológico.

[...]

Al salir del bar, Sintora me ha llamado al móvil y me ha citado* en el zoo. Creo que tiene que ver* con lo de Barboza. No sé. Ya veremos[37]. Me espera delante del foso* de los leones. Siempre quedamos* allí. Dice que nadie mira a nadie cuando hay un león delante. Nos vemos de vez en cuando* y yo

---

[34] *¿De qué va?: ¿De qué trata?, ¿cuál es el tema?:* expresión coloquial para preguntar por el tema, estilo o tendencia de algo o alguien.

[35] Es el periódico *Marca.*

[36] *A mí me da igual: No me importa.*

[37] *Ya veremos:* frase que usamos cuando no sabemos o no estamos muy seguros de lo que va a pasar o cuando dejamos para más tarde una decisión.

le paso información. Se puede decir que soy un empleado secreto del Sporting de Madrid. Ellos me pagan*, yo voy a Sudamérica dos o tres veces al año y me traigo a los mejores jugadores. Se fían* más de mí que de los contactos oficiales. Barboza viene de un equipo brasileño de segunda división[38].

Detengo la grabación hasta llegar allí, que después las pilas se acaban cuando más las necesito.

[...]

De nuevo* grabando.

Estoy dentro del zoo. Por cierto[39], ¡qué caras las entradas*! Creo que el club debería pagármelas. A ver qué dice Sintora de eso.

Ahí están las jirafas*. Hay una sacando el cuello. ¡Qué gracioso[40]! Una le está lamiendo* la oreja* a un señor que viene detrás. No se le ve, pero debe de tener una cara de asco*...

V

Oso Goloso ha seguido a Arteaga hasta el zoo. Entra y observa desde lejos la entrevista* con Gustavo Sintora.

Zorro Triste, Zorro Triste, estoy en la puerta del zoo. El sospechoso va hacia la taquilla*. No sé si pagar o enseñar la placa[41].

[...]

—Hola, buenas tardes, una entrada.

—Diez euros[42].

—¿Diez euros? Bueno, mire, verá[43], soy policía y estoy siguiendo a un sospechoso.

—Un momento, por favor, voy a llamar al jefe de taquilla.

---

[38] *De segunda división:* en el fútbol los equipos se agrupan por categorías. En España existen la Primera División, la Segunda División, Segunda B y Tercera. La más importante es la Primera.

[39] *Por cierto:* se usa para introducir en la conversación un tema o algo que tiene relación con lo que se está hablando.

[40] *¡Que gracioso!:* expresión para manifestar que algo nos parece simpático y divertido. A veces se usa irónicamente: *¿Ya me has escondido las llaves otra vez? ¡Qué gracioso!*

[41] La *placa* es lo que lleva la policía para identificarse. Cuando están trabajando, los policías pueden entrar en los sitios sin pagar si enseñan la placa.

[42] Euro: Moneda de la Comunidad Europea que empieza a usarse en el año 2002 y que equivale a 166,3 pesetas.

[43] *Bueno, mire, verá:* palabras que usamos para introducir una excusa o la explicación de algo que no nos gusta. Podemos usar también "verá(s)"; "bueno, vera(s)".

—¿Jefe de taquilla? En España tenemos jefes para todo[44]. Cada dos trabajadores hay un jefe. Zorro Triste, me voy a colar* porque el sospechoso se aleja* y el jefe de taquilla no viene.

[...]

Ya estoy dentro.
Sigo al sospechoso.
Ahí están las jirafas.
¿Qué es esto? Eh, pero, ¿qué haces, bicho asqueroso[45]?...
Una jirafa me lame la oreja. Creo que el auricular emite* una frecuencia que la atrae*.

[...]

Nuestro hombre se para delante del foso de los leones. Se acerca a un señor de pelo blanco bien vestido. Parece médico o abogado. Están hablando. El canoso* está encendiendo un cigarrillo. Lo enciende otra vez. Y otra. Está nervioso. Su cara me suena[46].

Están hablando. Parece que el fumador tiene más autoridad, seguro que es el jefe o algo así.

Saca unos papeles y se los da al sospechoso. Los guarda. El otro hombre se va y el sospechoso se queda de pie*, como una estatua*. Pasan unos minutos. Va hacia un banco.

Se sienta y saca los papeles. Los lee.

Termina, se levanta del banco y vuelve hacia donde están los leones. Se queda un rato* mirándolos.

De pronto se da la vuelta y corre* hacia la salida.

Lo sigo.

Zorro triste, salgo del zoológico.

Sigue molestándome la muela.

[...]

Zorro Triste, esta misión es muy rara*.

---

[44] Esto es algo que critica mucha gente en nuestro país: en un lugar donde hay cinco personas trabajando, tres de ellas son jefes.

[45] *Bicho asqueroso:* bicho es una palabra que usamos para referirnos a un animal que nos resulta desagradable o que es desconocido para nosotros (*¿Qué bicho es ése?*; *¡Qué asco de bicho!*). Generalmente se usa más para animales pequeños y para reptiles. *Asqueroso:* desagradable, que nos produce asco.

[46] *Su cara me suena:* expresión para decir que alguien nos parece conocido, que no es la primera vez que lo vemos. También se puede usar cuando una cosa nos recuerda a otra, por ejemplo una música, o una película o un cuadro (*Este cuadro me suena*).

VI

La grabación de hoy es la entrevista que Oso Goloso ve desde lejos. El contenido* de esta cinta es importantísimo para el desarrollo* de los acontecimientos.

Ahí está Sintora. Voy a esconder* la maquinita para grabar la conversación. En un libro siempre están bien las entrevistas, parece todo más real.

—Gustavo, ¿cómo te va?[47] Te veo más joven.

—Menos cachondeo[48], y escucha lo que te digo.

—Hombre, qué pasa, ¿dónde está la educación? ¿No me preguntas por la salud, por el amor...?[49]

—La cosa está muy mal.

—¿Lo de Barboza?

—Sí. Es algo muy profesional, muy bien organizado. Lo han envenenado*.

—¿En el campo de fútbol? Pero, ¿cómo?

—No te lo vas a creer. Parece una película de barrio, de las malas[50].

—Habla ya y deja de encender el cigarro tantas veces.

—Con una cerbatana*. Un espectador* va[51] y le lanza* un pequeño dardo* y, ¡zas!, lo fulmina*. Piden veinte millones de dólares por el antídoto*. Es una banda* internacional. Si hablamos con la policía, desaparecerán*.

—¿En la clínica no pueden hacer nada?

—Hemos traído de Massachusetts, de México D.F., de París y de Berlín a los mejores especialistas del mundo en enfermedades y venenos* tropicales. Saben cuál es el veneno, pero no se conoce antídoto, porque casi nunca se usa contra seres humanos y las compañías farmacéuticas no gastan dinero en investigar las enfermedades de los países del tercer mundo[52].

---

[47] *¿Cómo te va?:* pregunta típica para saludar a alguien similar a *¿Qué tal?, ¿Cómo estás?*

[48] *Menos cachondeo:* expresión para decir a alguien que la situación es seria y que no es momento para bromas. También se usa cuando alguien se ríe de nosotros y notamos que quiere ponernos en ridículo.

[49] El autor hace una alusión irónica a un hecho que se toma como símbolo de buena educación. Cuando nos encontramos con alguien por la calle, es habitual preguntarle por la familia, el trabajo y otros detalles.

[50] *Película de barrio:* en los cines de los barrios de una ciudad generalmente ponen películas populares (de acción, terror,...) que gustan a mucha gente y que resultan más económicas.

[51] *Va y le lanza... y lo...:* en este párrafo se usa otra vez el presente histórico (*vid.* nota 15) para hacer más vivos los hechos del pasado.

[52] Las enfermedades que existen en los países pobres no interesan a las grandes empresas que venden medicinas (compañías farmacéuticas, y por eso no estudian (investigan) cómo solucionarlas.

—Y si esa gente no puede hacer nada, ¿qué pinto yo en[53] todo esto?

—Tienes que ayudarnos*.

—¿Cómo? Ya sabes que yo de medicina sólo sé decir aspirina y alka-seltzer.

—Vas a ir a Sudamérica y te vas a traer a un chamán, a un curandero local*. Tú conoces aquello. Sales mañana a las doce de Barajas. Aquí están los billetes* hasta Cartagena de Indias[54]. En ese sobre* llevas cinco mil dólares para los gastos*. Si es necesario, sobornas* hasta a los pumas*, pero me traes una solución antes de cinco días. Los datos sobre el veneno (composición, uso, etc.) están en el sobre. Suerte[55]. Me voy. No puedo quedarme más tiempo.

[...]

Voy a sentarme en ese banco a ver lo que hay aquí: los billetes, Iberia, vuelo* IB362 Madrid-Cartagena: 12´10, 16 de mayo. IB543 Cartagena - Madrid: 16:30, día 20; y esto...

[...]

¡Uff! ¡Qué difícil es el lenguaje de los médicos! No entiendo ni jota.[56]

---

[53] *¿Qué pinto yo en todo esto?:* expresión coloquial: *¿Qué relación tengo yo con esto?*
[54] *Cartagena de Indias:* ciudad de Colombia en la costa del Caribe. Fue uno de los puertos principales del comercio de América hacia España.
[55] *Suerte:* expresión que se usa para desear que todo vaya bien.
[56] *No entender ni jota:* expresión enfática que se usa cuando algo es incomprensible o muy difícil porque no dominamos el tema.

VII

Tras la entrevista de Arteaga con Sintora, nuestro compañero sale del zoológico. Por fin Oso Goloso nos cuenta por qué la policía está siguiendo a Miguel Arteaga.

Zorro Triste, aquí Oso Goloso, estoy en la puerta del zoológico. Necesito el coche.

[...]

Ahí llega Ramírez. El sospechoso... por cierto, estoy harto de* decir "el sospechoso". Voy a inventar un nombre en clave*...

[...]

—Ramírez, ¿cómo va el día?
—Psch, tirando[57].
—Oye, ¿qué piensas si llamo al sospechoso León Loco*? No está mal ¿verdad?
—Si tú lo dices[58]. La verdad es que nadie sabe por qué te inventas esos nombres tan ridículos.
—No sé, pero a mí me gustan. Es todo como una película.
—Macho[59], a ti todo te parece una película.

[...]

Ahí está León Loco.
Está llamando un taxi.
Vamos, Ramírez.

[...]

---

[57] *Tirando:* se dice cuando las cosas no van mal, pero tampoco muy bien.
[58] *Si tú lo dices:* frase que usamos para expresar que no estamos muy de acuerdo con lo que afirma nuestro interlocutor.
[59] *Macho:* palabra coloquial y vulgar con significado equivalente a *Tío* u *Hombre* (*vid.* notas 23 y 30).

—Oye, Oso Goloso, este caso ¿de qué va realmente?

—Parece que este tío pasa coca[60] de Colombia desde hace unos años, pero no hay ninguna prueba* por el momento.

—¿Entonces?

—Se dice que el comisario Maroni, el que ha llegado de Italia por el intercambio* de la Unión Europea, cree que es un nuevo método para traer la droga. Él quiere descubrirlo* y así conseguir un ascenso* en Bruselas, en la nueva policía europea. Y para eso tengo un dolor de muelas todo el día, por culpa del micrófono.

[...]

—Ya estamos, Ramírez. ¡Para! Ésa es su casa. Yo me quedo. ¿Me recoges dentro de dos horas?

—Bueno. Tú mandas*.

[...]

Zorro Triste, aquí Oso Goloso, León Loco está en su guarida*.

[...]

Son las 12,15. La gente va a empezar a sospechar de mis paseos por la acera. Pido un relevo* para ducharme y comer algo.

[...]

—Ramírez, ¿qué pasa?, ¿Hay relevo?

—Aquí tienes tu relevo.

—¿Qué es esto? ¿Otro bocadillo? No, por favor, ¿y de atún otra vez?

—Es que dicen que, como eres un Oso Goloso, te va a sentar bien* el pescado.

—Ramírez, por favor, menos guasa[61]. ¿Por qué no me traes un cafelito[62]?

---

[60] *Pasar coca:* expresión para indicar que una persona se dedica al tráfico de drogas.

[61] *Menos guasa:* similar a *menos cachondeo* (*vid.* nota 48). Se usa cuando queremos decir a alguien que sus bromas no nos gustan o nos parecen excesivas.

[62] *Un cafelito:* diminutivo de café que alterna con *cafecito*.

—¿Con leche?

—Sí, y con dos sacarinas*.

[...]

—Ramírez, son las cinco, ¿por qué no te quedas un rato y me dejas echar una cabezada* en el asiento de atrás*?

—No puedo, Yoggie[63], tengo que estar atento a otras llamadas.

—Eso de Yoggie, ¿por qué lo dices?

—¿Yoggie no es el oso del parque Yellowstone, el que les roba* las cestas a los excursionistas? Sí, hombre, un Oso Goloso.

—Ramírez, que no son horas para chistes* malos.

—A ti te gustan las películas y a mí me gustan los dibujos animados.

[...]

Zorro Triste, Zorro Triste, ya no aguanto* más. A Ramírez no quiero ni verlo. Si aparece otra vez por aquí con sus chistes, no respondo de mí[64].

Atención, atención, un taxi está llegando al portal de León Loco.

Está saliendo. Lleva una maleta. Se va de viaje.

Cojo otro taxi y paso de[65] Ramírez.

Corto.

[...]

Estoy en Barajas. Voy a pasar el control de pasaportes* y seguir a León Loco para saber cuál es su destino*.

[...]

Como siempre. Se va a Colombia.

Necesito dormir.

---

[63] *Yoggie:* personaje de dibujos animados al que le encanta robar las cestas de comida de los excursionistas. Le gustan mucho los dulces (es muy goloso).

[64] *No respondo de mí:* con esta expresión el personaje está diciendo que no puede controlarse y que puede llegar a hacer algo malo.

[65] *Pasar de...:* no me interesa, no quiero... expresión coloquial muy usada entre los jóvenes para rechazar algo: *"Paso de ti y paso de estudiar".*

VIII

Arteaga va a salir hacia América. En esta cinta, grabada en el aeropuerto de Madrid-Barajas, se reproduce parcialmente (la grabadora no puede captar la voz del interlocutor*) la conversación del periodista con su contacto en Colombia.

Cinta número tres del libro sin título sobre el caso Barboza. Resumen*.

Estoy en el aeropuerto de Barajas. Mi vuelo hacia Cartagena sale dentro de media hora por la puerta 52B, perdón, por la 57, acaban de cambiarla en el monitor*. La entrevista con Sintora está grabada, no voy a contarla otra vez. Mi misión es usar los contactos en Colombia para conseguir a alguien experto en* hierbas y venenos.

[...]

No es fácil. En Cartagena tengo que hablar con Buendía, que conoce a mucha gente, pero no contesta al teléfono. Voy a intentarlo por última vez antes de embarcar*.

—Buendía, qué tal, cómo te va todo.

—...

—Me alegro. Oye, amigo, estoy metido en un problema y me tienes que ayudar.

—...

—No, no es nada de drogas.

—...

—Ya sé que tú no te dedicas a* eso, hombre. No, mira, estoy en Barajas y voy a salir para allá. Tienes que conseguirme a alguien con conocimientos en plantas de la selva*.

—...

—Sí, de venenos de la selva.

—...

—De verdad[66], no es nada de drogas. Es mucho más complicado* y no puedo explicártelo por teléfono.

—...

---

[66] *De verdad:* frase con la que aseguramos la realidad y certeza de una cosa.

—Te lo juro por lo más sagrado[67]. No es nada sucio* ni ilegal. Es un trabajo que nos van a pagar muy bien.

—...

—Y sin drogas.

—...

—Ya sé que tienes una familia muy grande y que tú no te relacionas con esos asuntos. ¡Si te conozco desde hace cien años! ¿Te pido yo algo fuera de la ley* alguna vez?

—....

—Vale, tú me consigues a ese brujo, chamán, hechicero o como se llame[68] y lo preparas todo para volver con él dentro de dos días. Con los papeles en regla* y todo, como hacemos con los futbolistas. ¿Vale? Venga[69], nos vemos dentro de unas horas.

—...

—Adiós, José.

[...]

Bien, voy a apagar* esto, me voy a tomar una pastilla* y voy a echarme una siesta[70] de ocho o nueve horas. Es una lástima[71]: en estos vuelos a América no se ve nada por la ventanilla*, sólo el algodón de las nubes o algunos trozos grises de mar.

---

[67] *Te lo juro por lo más sagrado:* expresión exagerada para afirmar con énfasis que lo que decimos es verdad.

[68] *O como se llame:* expresión que se añade a un nombre cuando no lo recordamos.

[69] *Venga:* imperativo del verbo venir que usamos para animar a hacer algo. Últimamente es una frase que se usa también en España cuando nos despedimos.

[70] *Echarse una siesta:* dormir un rato después de comer. Es algo típico de los países donde hace mucho calor.

[71] *Es una lástima:* Es una pena, *Qué pena:* expresiones que usamos para manifestar tristeza.

IX

Hoy presentamos otra cinta de Miguel Arteaga, ya que, en estos momentos de la historia, el policía que hace el seguimiento sólo está esperando el regreso* del sospechoso. Arteaga está ya en Colombia. El lector puede observar que hay muchos silencios en estas grabaciones.

Cinta número cuatro. Notas para el libro sin título sobre el caso Barboza. Estoy en Cartagena de Indias, Hotel Macondo[72], habitación 318. Son las cuatro de la tarde. Resumen del día de ayer.

En Madrid me tomo[73] una pastilla para dormir después de la última grabación, momentos antes de despegar*. El vuelo se retrasa* dos horas y las azafatas* casi me meten en brazos* en el avión. Me duermo. Me despierto cuando sobrevolamos las aguas verdes y turquesas del Caribe. Aterrizamos*. A la salida me espera José Buendía con un señor que no conozco. Se llama Melchor Márquez y es coronel retirado del ejército*. Es indio y tiene estudios incompletos de medicina. Por su conocimiento de las hierbas, venenos, mordeduras* e infecciones*, ha sido médico durante las luchas contra la guerrilla[74] en la selva. José lo conoce desde que vive en Cartagena esperando un dinero que le debe el gobierno y que nunca llega. Se gana la vida[75] como curandero en los barrios pobres, poniendo inyecciones* y sacando muelas.

Salimos del aeropuerto y vamos a uno de los bares del centro. Explico los síntomas del envenenamiento* de Barboza y los datos que tienen los especialistas. Melchor calla mientras sostiene* en la mesa un vaso de ron sin hielo. Cuando termino de hablar, se lo bebe de un trago* y dice:

—Vamos para allá. Sólo necesito mi maletín*.

---

[72] *Hotel Macondo:* este hotel no existe. Es el nombre de una ciudad inventada por el escritor colombiano Gabriel García Márquez, premio Nobel de literatura en 1982, en su novela *Cien años de soledad*. Otra alusión a esta novela es el chamán Melchor (mago Melquíades), Úrsula y Buendía, apellido de la familia protagonista de *Cien años de soledad*.

[73] El protagonista vuelve a usar el presente histórico para acercar los hechos (*vid.* notas 15 y 51).

[74] *Guerrilla:* sistema de guerra inventado por los españoles en su lucha contra Napoleón en el siglo XIX. Se trata de pequeños grupos de soldados que se esconden y atacan por sorpresa a ejércitos más grandes. La palabra *guerrilla* ha sido adoptada por otras lenguas como el inglés.

[75] *Ganarse la vida:* vivir o sobrevivir con el producto del trabajo. La expresión se usa como sinónimo de trabajar: —*¿Cómo te ganas la vida?* —*Soy taxista.*

No sé si está mintiendo* o si sabe perfectamente qué es lo que hay que hacer. Y además, es el primer brujo de tribu que veo yo que usa maletín, como en la Seguridad Social[76].

José tiene la documentación* preparada.

[...]

Esta noche hay una fiesta en casa de los Buendía. Viene toda la familia de los pueblos*, porque se celebra la boda* de Úrsula, la hermana menor de José. Mañana el avión sale a las cuatro de la tarde. Tenemos tiempo para divertirnos un poco.

[...]

[...]

Son las siete de la mañana y creo que voy a morirme. La habitación 318 es una lavadora y yo soy un trapo sucio*. El avión sale dentro de siete horas y no puedo ni levantarme para bajar la persiana*. Melchor, por favor, ven con tu maletín mágico...

[...]

[...]

¡Dios mío![77], falta una hora para estar en el aeropuerto. ¡Anda! La máquina está funcionando y ha grabado mis ronquidos*. Borraré* esa parte al llegar a Madrid. A lo mejor* Melchor tiene una hierba mágica y me quita este dolor de cabeza. Corto la grabación. Tengo que ir al cuarto de baño.

---

[76] *La Seguridad Social:* sistema español de medicina estatal.
[77] *¡Dios mío!:* expresión de susto, de miedo. También de cansancio o aburrimiento.

X

Esta última cinta de Oso Goloso resume cómo va la investigación. Casi todo son espacios en blanco, quejas y frases cortas.

Zorro Triste, aquí Oso Goloso. Estoy un poco mejor después de un par de días de descanso*. He dormido como un tronco[78].

León Loco va a aterrizar dentro de quince minutos.

[...]

Voy hacia las llegadas internacionales.

[...]

Ahí está. ¡Uy!, qué mala cara, parece un puma apaleado[79].
Lo sigo.
Entra en un taxi. Cojo mi coche.
[...]

Por el camino que llevamos, imagino que vamos hacia su casa.

[...]

Efectivamente.

[...]

Lleva cinco horas ahí dentro. Menos mal que[80] Ramírez no está de servicio y puedo escuchar la radio.

[...]

---

[78] *Dormir como un tronco:* dormir muy profundamente. El tronco es la parte más dura del árbol. Las expresiones basadas en comparaciones con objetos y animales son muy comunes en español.

[79] *Puma apaleado:* el narrador se compara con un puma al que han pegado mucho (*vid.* nota 78).

[80] *Menos mal que:* cuando estamos ante una situación no esperada o difícil, pero tenemos una solución u otra manera de enfrentarnos a ella, usamos *menos mal que* + la solución. Ejemplo: Algo es más caro de lo que esperamos, pero llevamos dinero de más: *Uff, ¡qué caro! Menos mal que traigo más dinero.*

Diez horas y nada.

[...]

Ya no aguanto más tiempo la muela del micrófono.

[...]

Zorro Triste, aquí no pasa nada. Esta misión es una tontería y yo ya estoy hasta las narices[81] de estos nombrecitos en clave, de los cafés aguados de Ramírez y de ser la sombra[82] de un delincuente que no hace nada malo. En la aduana* nunca lo detienen*. Nunca tiene drogas. Creo que sólo bebe cerveza. Esto es un aburrimiento* insoportable, es como estar todo el tiempo fuera de juego: crees que estás en el ajo[83], pero en realidad sólo estás haciendo el tonto. O me cambian de destino* o cojo una baja* por depresión o unas vacaciones.

XI

En esta última grabación Arteaga resume el sorprendente final de la historia.

Cinta número cinco. Libro sobre el caso Barboza. Madrid. Estoy en el avión que me va a llevar de vacaciones gracias al dinero que ha ingresado Sintora en la cuenta* de siempre. Los pasajeros están entrando todavía. Resumen del final del caso Barboza.

El viaje desde Cartagena de Indias a Madrid ha sido una pesadilla*. Melchor me ha dado un líquido verde que sabe a miel* con sal. He vomitado* quince veces.

En Madrid todo ha ido sobre ruedas[84]:

1.- Me voy a casa.

---

[81] *Estar hasta las narices:* estar cansados, estar hartos de una situación. Expresión coloquial que se usa en momentos de enfado.

[82] *Ser la sombra de alguien:* estar continuamente siguiendo a alguien. También puede tener el significado de estar siempre bajo el poder o la influencia de alguien y ser menos importante que él.

[83] *Estar en el ajo:* esta expresión coloquial se usa para indicar que alguien conoce bien un asunto o una situación o que forma parte de ella.

[84] *Ir sobre ruedas:* ir muy bien un asunto, funcionar de maravilla.

2.- Melchor sale del aeropuerto. El médico del club lo espera en la parada de taxis. Lo lleva a la clínica y comienza a trabajar. El jugador tiene que estar bien para el próximo partido contra el Málaga F.C.

3.- Me llama Sintora para contarme lo que ha pasado con el jugador y el brujo. Tengo la conversación grabada. Ésta es:

[...]

—Sí, dígame.
—Soy yo.
—¿Cómo va todo?
—De película. Lo veo y no lo creo[85]. Ese Melchor es un genio. Escucha: llega a la habitación de Barboza. Saca una rama seca* de un árbol y se la pasa por todo el cuerpo. Luego bebe un líquido verde...
—¿Uno que sabe a miel con sal?
—No lo sé. ¿Tú crees que yo voy a probar esa porquería*?
—Vale, sigue.
—Pues bien, el brujo bebe el líquido, pero no se lo traga*, sino que se lo escupe* como una lluvia fina sobre el cuerpo del jugador, que sigue en coma*. Luego saca una lupa* y le mira durante un rato las uñas* de los pies.
—¿Las uñas de los pies?
—Como te lo digo. Las mira, las mira y las vuelve a mirar. Entonces saca una mosca* de una cajita de madera y, no sé cómo, ata un hilo finísimo* a la mosca y al dedo pequeño de uno de los pies de Barboza. De nuevo saca la rama y da unos pases mágicos*. Se coloca en la parte de arriba de la cama y empieza a cantar una especie de oración*, supongo. Cuando termina saca un cigarrillo, lo enciende y quema* a la mosca prisionera. Para terminar le mete en la boca a Barboza dos cucharadas* del líquido verde. De repente Barboza se levanta y se va al cuarto de baño. Cuando vuelve dice que está mejor y que necesita dormir. Salimos todos y ya está.
—Es increíble, ¿no? ¿Crees que va a jugar el domingo?
—Yo creo que sí.

Fin de la grabación.

[...]

---

[85] *De película:* maravilloso, como lo que ocurre en las películas. *Lo veo y no lo creo:* Se usa para describir algo extraño y mágico que no se puede creer aunque lo estemos viendo. Es una reacción enfática.

Son las once y cuarto. Vamos a despegar. No hay nadie junto a la ventanilla. Me voy a sentar ahí. Me gusta la altura*. Dicen que el hombre es hombre desde que está de pie. Así puede ver mejor, con más perspectiva y eso le permite pensar. Desde arriba, al hacerse pequeñas, las casas, las carreteras, los montes, las ciudades... son como juguetes* y parece que uno vuelve a ser niño y a tener la ilusión de que controla el mundo, de que lo entiende.

[...]

Vaya, me parece que ahí viene el dueño* del asiento.
    —Disculpe[86], ¿es ése su número?
    —No, el mío es éste, perdone. Lo he visto libre y...
    —No importa, no se preocupe[87]. De vacaciones, ¿no?
    —Sí, ¿y usted?
    —Más o menos. Aquí viene la azafata.
    —Buenos días, señores, ¿desean algún diario?
    —Sí, señorita, *La Gaceta Deportiva*.
    —Yo nada, gracias, voy a trabajar.
    —¿No dice que está de vacaciones?
    —Más o menos.

[...]

    —¿Le gusta el fútbol?
    —Lo odio*.
    —Es una vergüenza*: la cantidad de dinero que gastan en contratar* a un extranjero y luego le pasa esto. Mire lo que dice el periódico: "Barboza abandona* el campo de La Enredadera a los veinticinco segundos de comenzar el encuentro, debido a la patada* de un defensa del Málaga R.F.C...".
    —Sí, es una vergüenza.

[...]

Ha pasado una hora y este tío ya ronca* como un oso.

---

[86] *Disculpe:* perdone. Expresión formal para pedir perdón o pedir algo.
[87] *No importa, no se preocupe:* expresiones que se usan como reacción cuando alguien pide perdón.

Estoy pensando en la lesión de Barboza. Tiene gracia: tanto dinero y tanto trabajo para nada. El fútbol es un juego, pero si se toma en serio, es mejor estar lejos de él, mirarlo desde fuera, como yo ahora, desde arriba, desde fuera de juego.

[...]

Fuera de juego... Sí, eso es. No es un mal título para el libro. Ya me imagino las noticias de la próxima primavera: "Miguel Arteaga firma esta tarde en la Feria del Libro su último éxito, *Fuera de juego,* la gran novela que todos esperamos...".

Me parece que estoy inspirado*.

Debe de ser la altura.

Esto tengo que grabarlo.

Explotación

Comprensión lectora

1 ¿Dónde ocurren estos dos capítulos?

2 Completa este pequeño texto:

El hombre que habla en el capítulo I es un   y está trabajando. Está   a una persona. La historia empieza en un   . El hombre del capítulo II es un   y cuenta algo que ha pasado en un   con un   brasileño muy famoso.

3 ¿Qué nombre usa la persona que habla en el primer capítulo? ¿Con quién está hablando? ¿Cómo lo hace?

4 ¿Cuántas personas salen en el capítulo I? ¿Quiénes son? ¿Hay alguna más interesante para esta historia? ¿Por qué?

5 ¿De qué habla Miguel Arteaga? ¿Con quién? ¿Por qué?

6 ¿Ha ocurrido algún hecho curioso relacionado con el fútbol?

7 ¿Verdadero o falso? Justifica tu respuesta.

Ejemplo:

Miguel Arteaga es un famoso jugador de fútbol.→ *Falso. Es un periodista.*

• Oso Goloso es la persona que habla al principio y está hablando solo.

• El periodista va a escribir un libro sobre fútbol y está recogiendo datos para ello.

• El jugador Barboza está enfermo por bailar demasiado.

• Los médicos no saben qué le pasa al jugador brasileño.

Gramática y Vocabulario

1 En el capítulo I hay muchos verbos que expresan movimiento de alguna parte del cuerpo.

a) Escríbelos en la siguiente tabla:

Sacar			

b) Vamos a jugar un poco. ¿Qué parte (o partes) del cuerpo se utilizan normalmente para hacer esas acciones? ¿Es posible hacerlo de otra forma? Explícalo.

Ejemplo:

Voy a sacar: → *Para sacar una antena hay que usar las manos.*

2 Oso Goloso nos habla de la gente que entra en el bar usando los verbos **ser, llevar, estar, ir,...**:

«Entra una chica joven, de unos diecisiete o dieciocho años. Lleva una carpeta de estudiante. (...) Habla con el camarero. (...) Entran dos hombres de unos cuarenta años. Parecen ejecutivos. (...) Uno de ellos lleva unas gafas de diseño (...)»

Pero nadie lo describe a él. ¿Quieres hacerlo tú? Intenta usar los verbos **ser, estar, hablas, beber,...** Usa la información de la novela y tu imaginación.

3 *«Lleva una carpeta de estudiante»; «Lleva un jersey muy ceñido».* El verbo **llevar** puede tener diferentes significados. Aquí te damos algunos:

- usar siempre: *Lleva gafas = **Usa** gafas.*

- tener puesto (-a, os, -as): *Llevas una camisa linda = **Tienes puesta** una camisa muy linda.*

- llevar + gerundio: duración: *Llevo estudiando cuatro horas = **Hace cuatro horas que** estudio.*

- llevar a alguien en un vehículo, acercar: *¿Te llevo a tu casa? = ¿**Te acerco** a tu casa?*

Vamos a practicar. Intenta cambiar el verbo **llevar** por las otras estructuras y palabras que has aprendido (Hace + tiempo, acercar, usar, ...).

> ¿Qué haces?

< Estoy arreglando el coche.

> ¿Qué le pasa?

< Pues no sé; **llevo mirándolo** tres horas y no veo nada.

> Es que es muy viejo. Tienes que cambiarlo.

< Sí, ¿y de dónde saco el dinero?

< **Llevas** unos pantalones muy bonitos.

> Gracias. Los he comprado esta mañana.

< Pues te quedan muy bien.

> Si quieres, te los pones algún día.

< No, gracias. Yo nunca **llevo** pantalones.

< **Llevo buscando** el teléfono de María todo el día.

> Pues no busques más. Está ahí.

< Necesito llegar a casa rápidamente.

> Pregunta a Juan que tiene coche.

< Juan, ¿me **llevas** a casa en tu coche?

> Claro, vamos.

4 Vamos a recordar algo sobre el personaje sospechoso. Intenta contarnos **cómo es** y todo **lo que hace** desde que llega al bar. Para ayudarte un poco te damos algunos verbos relacionados con lo que hace:

Entrar en el bar	*Pedir*	*Sentarse*	*Tirar la cerveza*
Hablar solo	*Sacar cosas de la mochila*		*Grabar*

En tu ficha deben aparecer también los siguientes datos:

Nombre   Profesión   Características físicas   Edad

5 Al principio de la novela, cuando está comprobando el equipo, nuestro personaje dice *«Sigo sin oírte».*

Fíjate en estas estructuras:

verbo + sin + infinitivo (+ pronombre): *Como sin ver la tele.*

Si quiero decir lo contrario uso:

verbo + gerundio: *Como viendo la tele.*

Y ahora tú. Te damos dos verbos y un sujeto. Tú debes crear frases breves usando las dos estructuras con cada verbo, igual que en el ejemplo:

Ejemplo:

Comer / Ver / Yo. → *Como sin ver la tele / Como viendo la tele.*

- Seguir / Dormir / Los niños.

- Estudiar / Oír música / Nosotros.

- Hablar / Gritar / Ustedes.

- Escribir al ordenador / Mirar la pantalla / Vosotros.

- Limpiar la casa / Oír la radio / Mi padre.

- Discutir / Dar gritos / Mis amigos.

- Dormir / Despertarse / Tú.

- Seguir / Divertirse / Yo.

6 «*Faltan sólo veinte minutos para la hora de contacto*». Esto dice Oso Goloso en el bar.

Intenta resolver estos pequeños enigmas usando la estructura **Falta(n) + tiempo + para ....** .

Ejemplo:

Me caso a las 10. Son las 9.50. → *Faltan diez minutos para mi boda.*

• Son las ocho y salimos a las ocho y media.

• Dentro de dos minutos empieza el Año Nuevo.

• Estamos trabajando y nuestras vacaciones empiezan dentro de tres horas.

• Mi cantante favorito actúa a las diez. ¡Son las diez menos un minuto!.

• Estamos en el último día del invierno. Ya mismo llega la primavera.

7 Estos ejemplos aparecen en la descripción que Oso Goloso hace de las personas que entran:

«Va hacia la barra»

«Viene hacia mí»

Ahora vamos a practicar **hacia** y **desde** con los verbos IR y VENIR. Su uso depende de la persona que habla y de su situación. Aquí tienes a un personaje corriendo. La cara que ríe dice si va o viene desde su posición.

Escribe frases dentro de los bocadillos usando el verbo **ir** o **venir** con las preposiciones **hacia** o **desde**:

Trabajo en grupo y Debate

1. Se divide a la clase en grupos. Cada grupo va a hojear un periódico del día y va a hacer una ficha que recoja los siguientes datos:
   - Número de páginas dedicadas al deporte.
   - Número de páginas dedicadas al fútbol.
   - ¿De qué otros deportes se habla en el periódico?
   - ¿Existe información deportiva internacional? ¿Qué tipo?
   - ¿Qué tipo de noticias se dan?
   - ¿Te gusta la forma de tratar el deporte? Cada uno da su opinión. Discutid los resultados.

2. Ahora cada grupo va a comparar los resultados obtenidos con los periódicos de otros países que conoce. Se sacan conclusiones generales.

3. Exposición de los resultados y conclusiones a toda la clase. Debate final.

Expresión escrita

Éstas son palabras del periodista
de nuestra historia:

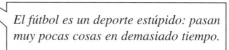

El fútbol es un deporte estúpido: pasan muy pocas cosas en demasiado tiempo.

Haz una pequeña composición. Te puedes ayudar con el siguiente esquema:
• Tu opinión sobre lo que dice Arteaga. ¿Estás de acuerdo? ¿Por qué?
• Tu opinión sobre el fútbol.
• Otros deportes y aficiones.
• Conclusión general.

Capítulos III y IV

Comprensión lectora

1 ¿Con quién habla Oso Goloso en el capítulo III? ¿Por qué? ¿De qué hablan?

2 ¿Qué hace el sospechoso cuando sale del bar?

3 ¿Qué hace entonces Oso Goloso?

4 En el taxi, Arteaga hace algo extraño. ¿Le parece extraño al taxista? ¿Por qué?

5 Al salir del restaurante, Arteaga ha hablado por teléfono. ¿Con quién?

6 ¿Por qué el sospechoso va al zoológico?

7 ¿Por qué deja de grabar en el taxi? ¿Dónde vuelve a conectar la grabadora?

8 ¿Verdadero o Falso? Justifica tu respuesta:
Ejemplo:
Oso Goloso es un ludópata, tiene problemas con el juego. → *Falso: Él dice eso pero es una excusa para hablar con el periodista.*

• Después de salir del restaurante el sospechoso saca la grabadora de la mochila.

• El sospechoso coge su coche para ir al zoo.

• Oso Goloso va en un taxi al zoológico.

• El periodista y Oso Goloso tienen una cita.

• Sintora es un empleado del Sporting de Madrid que va a Sudamérica para contratar a los mejores jugadores de fútbol.

Gramática y Vocabulario

1 Aquí tienes unas palabras y frases coloquiales que se usan mucho y que aparecen en la novela:

Bueno, vale *Ya veremos*	Se usan para aceptar algo pero sin mucha seguridad, hay muchas dudas. Bueno se usa también para cambiar de tema.
A lo que vamos	Se usa cuando queremos centrarnos en un tema de conversación.
Vale *De acuerdo*	Se usan para aceptar.
Ya está *Por fin*	Cuando terminamos o conseguimos algo difícil que esperamos con mucho interés.
Por cierto	Se usa para introducir un tema que nos interesa.

A continuación te damos unas situaciones. Reacciona tú usando la expresión que creas correcta en una frase.

Ejemplo:

Situación: Habla una madre que está en su casa. Su hijo, que nunca friega los platos, está fregando.

Reacción: ¡*Por fin* te veo fregar!

- Llevas muchos días haciendo un trabajo. ¡Ya llegas al final!

Tu reacción:

- Hay una fiesta mañana. Estás un poco enfermo hoy. Llama un amigo para invitarte.

Tu reacción:

- Estás en el trabajo hablando de temas diferentes con algunos compañeros y con tu jefe. Quieres hablar de una subida de sueldo.

Tu reacción:

- En casa. Ponen una película genial. La tele no funciona. Un minuto antes del principio la arreglas.

Tu reacción:

- Reunión de estudios para hacer un trabajo para la universidad. Lleváis tres horas hablando de otras cosas.

Tu reacción:

- En casa. Es la cuarta vez que tu hermano te pide el coche.

Tu reacción:

2 Nuestro policía dice que le gustan las máquinas tragaperras. Ya sabes que se dice *Me gustan las máquinas tragaperras; Me gusta el juego.*

a) Practica tú con estas cosas: ¿te gustan o no te gustan? Explica por qué brevemente:

Ejemplo: **Me gustan los gatos porque son inteligentes.**

- El fútbol:
- Los periodistas:
- Los futbolistas:
- El zoo:
- El cine:
- Los toros:
- Las maquinitas:
- La tortilla:
- Los deportes:
- Los animales:
- Los juegos de azar:

b) Escribe ahora en el siguiente cuadro cinco cosas que te gustan:

Dilas en voz alta a tus compañeros y cada uno ellos debe reaccionar en cadena usando las estructuras **A mí sí, A mí no, A mí tampoco, A mí también.** Tenéis que aprender a reaccionar muy rápidamente.

Ejemplo: *Me gusta el teatro*

Reacción de un alumno: *A mí no.*

Reacción de otro: *A mí tampoco.*

Reacción del tercero: *A mí sí.*

3 En estos capítulos aparecen las palabras **acera, avenida, calle, plaza,** ... Vamos a añadir algunas más. Aquí tienes un cuadro con todas ellas.

a) Y ahora intenta definirlas correctamente: pon una marca cuando pienses que una característica se da en ese elemento:

	ACERA	CALLE	PLAZA	PORTAL	AUTO-VÍA	PAR-QUE	ZOO	CARRE-TERA
Es para la gente								
Es para los coches								
Hay gente								
Hay coches								
Hay semáforos								
Hay paso de peatones								
Hay papeleras								
Ahí se puede jugar								
Por ahí se puede ir en patines								
Por ahí se puede correr								
Por ahí se puede ir en coche								

b) Añade algunos elementos más a la lista y, si quieres, puedes añadir más características. Después pregunta a tus compañeros sus características. A ver si saben lo qué es y cómo es:

Ejemplo: *El buzón*

Pregunta: *¿Pensáis que es para la gente?* Respuesta: *Sí, porque la gente mete las cartas.*

Pregunta: *¿Hay semáforos en el buzón?* Respuesta: *No, es ridículo.*

4 Ya conoces el verbo *estar*. Puedes decir «Está terminando», «Estoy en la calle», «Está pensativo», ...

a) Busca ejemplos de las siguientes estructuras en estos dos capítulos:

estar+ gerundio	estar = situación	estar + adjetivo
Estoy escribiendo	*Ya estoy aquí*	*Está pensativo*

b) ¡Más sobre verbos!: En la primera columna has escrito muchas formas de *gerundio.* Escribe ahora el infinitivo de ese gerundio y la primera persona del presente de indicativo:

Gerundio	Infinitivo	Presente (yo)
empezando	*empezar*	*empiezo*

Expresión escrita

Una visita al zoo

Tienes una hora para visitar un zoológico muy grande. Cuenta lo que vas a hacer, qué animales prefieres ver y por qué. Aquí tienes algunas palabras y expresiones que te pueden ayudar:

Primero	*Luego*	
En primer lugar	*Más tarde*	*Al final*
Para empezar	*Entonces*	*Para terminar*
	Después	*En último lugar*
	Además	

Debate

1 Muchas personas tienen problemas con el juego, son ludópatas. Pensad durante unos minutos en el tema y después opinad juntos:
- ¿Pensáis que es un gran problema?
- ¿Conocéis algún caso o hecho relacionado con el tema?
- ¿Qué opináis de las máquinas que hay en los bares, restaurantes y discotecas? ¿Son peligrosas?
- ¿Dónde están los límites de lo que es bueno y de lo que es malo?
- Opinión personal sobre el tema y conclusiones.

2 A continuación tenéis un pequeño artículo del periódico sobre los juegos de azar. Leedlo y solucionar las dudas de vocabulario:

JUEGOS DE AZAR

Durante los primeros seis meses del año 1999 cada español se ha gastado 12.307 pesetas en juegos de azar y Loterías, un 8,4% más que el año anterior. En total España ha movido 488.051 millones de pesetas (2.933 millones de euros). El juego favorito es la Lotería Nacional; le siguen la Lotería Primitiva y la Quiniela.

- ¿Qué pensáis?

- ¿Ocurre lo mismo en vuestros países?

- ¿Pensáis que los juegos de los que habla el artículo son como los que hemos tratado en el primer debate?

- ¿Son peligrosas las loterías y las quinielas?

Comprensión lectora

1 ¿Con quién se encuentra el periodista?

2 ¿Qué le ha ocurrido a Barboza?

3 ¿Dónde tiene que ir Miguel Arteaga? ¿Por qué? ¿Para qué?

4 ¿Qué le da Sintora a Miguel?

5 ¿Cómo entra el policía en el zoo? ¿Por qué?

6 ¿Qué puede pasar si el periodista no va a Cartagena de Indias?

7 ¿Verdadero o Falso? Justifica tu respuesta:
Ejemplo:
Sintora llega muy amable al zoo. → *Falso. Llega enfadado y preocupado y casi no saluda a Miguel.*

• Oso Goloso tiene problemas para encender un cigarrillo.

• La entrada del zoo es muy barata, sólo cuesta un euro.

• Sintora es moreno y tiene el pelo negro.

• Barboza ya está curado. Sólo tenía problemas por comer demasiado.

Gramática

1. Vamos a recordar algunos lugares por los que pasa el periodista en el zoo. Aquí tienes un pequeño plano con algunas cosas dibujadas. Explica lo que hace el periodista usando los datos de la novela. Intenta dar la dirección correctamente:

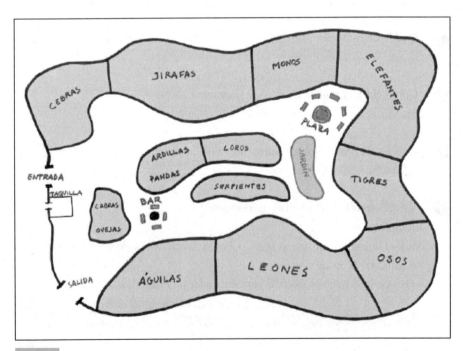

Una ayuda:

Sacar las entradas	Ir	Caminar	Girar	A la izquierda
A la derecha	Todo recto = todo seguido		Sentarse	Mirar Correr
	Primero	Después	Luego	Cuando

2 Lee el siguiente texto adaptado de la novela:

Una jirafa lame la oreja al policía porque la frecuencia de las ondas atrae a las jirafas. El periodista se acerca a un hombre de pelo blanco y dice algo al hombre del pelo blanco. El hombre de pelo blanco está nervioso y saca una carpeta con documentos para el periodista y da la carpeta al periodista. El periodista guarda la carpeta. Después se sienta en un banco y saca unos papeles y lee los papeles. El policía mira al periodista y después sigue al periodista a la salida.

Intenta cambiar las palabras que se repiten por pronombres. Recuerda que debes usar el pronombre correcto en cada caso: sujeto **(yo, tú, él, ella, ...)**, objeto directo **(lo, la, los las, ...)**, objeto indirecto **(le, les....).**

3 El presente se puede usar también para dar órdenes. Así, en la novela, Sintora dice a Miguel:
«*Vas a ir* a Sudamérica y *te vas a traer* a un chamán. (...) *Sales* mañana a las doce de Barajas. (...) Si es necesario, *sobornas* hasta a los pumas, pero me *traes* una solución antes de cinco días» (cap. VI).

a) Ahora vamos a practicar las órdenes, pero usando las formas **usted** y **ustedes,** más usuales en Hispanoamérica:

tú	vosotros	usted	ustedes
Vas a ir	Vais a ir		

b) Escribe ahora las frases anteriores, pero en imperativo:

TÚ	VOSOTROS	USTED	USTEDES
Ve a Sudamérica	*¡Id a Sudamérica!*	*Vaya a Sudamérica*	*Vayan a Sudamérica*

4 Miguel Arteaga tiene en la mano los billetes para ir a Cartagena de Indias. Antes de estar sentado en el avión tiene que hacer muchas cosas. Pero está muy nervioso y necesita tu ayuda. Aquí tienes una lista de cosas. Tacha las que no tienen relación con el viaje. Después ordena las demás. No olvides que nuestro periodista es asmático y vegetariano:

Comprar tabaco	*Pedir facturas*	*Facturar el equipaje*
Pasar el control de pasaporte	*Elegir asiento*	*Abrir el equipaje*
Comprar comida	*Entregar la tarjeta de embarque*	*Coger la tarjeta de embarque*
Ir a su puerta de embarque	*Ver la televisión*	*Decir algo a la azafata*

1.º

2.º

3.º

4.º

5.º

6.º

Debate o Expresión escrita

En el informe médico que Sintora da al periodista parece que se usa un lenguaje un poco difícil. Las medicinas tienen dentro explicaciones que también usan este lenguaje. Aquí tienes un pequeño resumen de un prospecto de un medicamento muy común. Busca en el diccionario las palabras más importantes y vuelve a escribirlo usando otras, más usuales: imagina que estás contándoselo a un amigo.

Analgésico: *quita el dolor*   Administrar: *dar, tomar*   Borrosa: *no clara*

Ingerir: *tomar*   Cefalea: *dolor fuerte de cabeza*   Gástrico: *del estómago*

Cutáneas: *de la piel*   Somnolencia: *sueño*   Vértigo: *mareos,*

Dosis: *cantidad de*   *pérdida del equilibrio*

medicina que se da al

enfermo cada vez.

Este medicamento es un analgésico muy eficaz. Sirve para los dolores de cabeza, dentales y menstruales. La dosis media recomendada es de un comprimido cada 4 ó 6 horas. Debe ingerirse después de las comidas, bebiendo algún líquido. Puede producir algunos efectos secundarios como somnolencia, erupciones cutáneas, dificultad respiratoria y vértigo. No debe ingerirse si el dolor desaparece.

No administrar con fármacos ulcerogénicos (alcohol, corticosteroides,...).

En caso de intoxicación pueden producirse mareos, cefaleas, visión borrosa, sudoración, vómitos y diarrea. Es necesario actuar con lavado gástrico.

Comprensión lectora

1 ¿Por qué el comisario de policía quiere investigar al periodista?

2 ¿Quién es Ramírez?

3 ¿Dónde va el policía después del zoo?

4 ¿Qué hace el policía después?

5 ¿Por qué Miguel llama por teléfono antes de despegar?

6 ¿Quién es Buendía?

7 ¿Piensas que el periodista tiene problemas con las drogas?

8 ¿Verdadero o Falso? Justifica tu respuesta:
Ejemplo:
El policía ha inventado un nombre para el sospechoso: Oso Goloso. → *Falso: Ha inventado un nombre, pero no es Oso Goloso sino León Loco.*

- Yoggie es un personaje de dibujos animados. Ramírez usa el nombre para el policía.

- Durante el vuelo el periodista habla por teléfono con Cartagena de Indias.

- Buendía y Miguel han quedado en el aeropuerto de Cartagena de Indias.

- Buendía está muy interesado en trabajar en asuntos de drogas.

Gramática y Vocabulario

1 En el capítulo VII leemos:
> *¿Cómo va el día?*
< *Psch, tirando.*

Cuando nos preguntan algo así, las respuestas dependen del estado de ánimo:

☺ Muy bien / Estupendamente / De maravilla / De fábula

☺ Regular / Así, así / Más o menos / Tirando

☹ Fatal / Muy mal / Horrible / Un desastre

Reacciona ante estas situaciones:

Después de un examen de ocho horas:
> ¿Qué tal el día?
< ....

Todo el día con dolor de cabeza. Ahora se va pasando:
> ¿Cómo te ha ido el día?
<

Después de un viaje a la montaña: sol, tranquilidad, paz,....
> ¿Qué tal el viaje?
<

Toda la noche estudiando y ahora no recuerdas nada:
> ¿Qué tal estás? ¿Y el examen?
<

Un día de trabajo normal (cosas buenas y cosas malas):
> ¿Cómo te ha ido en el trabajo?
<

Después de una conversación con tu jefe. Ahora ganas más:
> ¿Qué tal?
< ....

2 *«Parece que este tío pasa coca de Colombia desde hace unos años, pero no hay ninguna prueba por el momento».*

pasar	**Pasar droga** (coloquial vulgar) = traficar con droga. **Cruzar:** *Pasar la calle.* **Acercar, dar:** *¿Puedes pasarme el pan?* **Pasar de algo** (coloquial): no necesitar, no querer, no preocuparse por... **Entrar:** *¡Pasa! Te enseño la casa.*

Sustituye el verbo **pasar** por uno de los sinónimos del recuadro:

> *¡Cuidado! Tú sabes que tienes que mirar a los dos lados antes de **pasar** la calle.*
< Sí, mamá.

> *¿Puedes **pasarme** la sal? No puedo cogerla porque está muy lejos.*
< *Por supuesto.*

> *¿Y tu familia? ¿Qué tal?*
< *Yo **paso** de familia.*

> *Hola, vengo a tomar un café contigo.*
< *¡Qué alegría! Pero **pasa**, no te quedes en la puerta.*

> *En Gibraltar hay mucha gente que se dedica a **pasar** tabaco para venderlo después más caro y ganar un poco de dinero.*
< *¡Vaya! No lo sabía.*

3 El policía ha buscado un nombre para el sospechoso (León Loco). También a él le llaman Oso Goloso o Yoggie. Vamos a hacer lo mismo con la clase: en grupos, vais a pensar nombres y adjetivos para cada persona. Después los exponéis en voz alta y decís por qué los habéis elegido.
Aquí tenéis algunos nombres de animales y algunos adjetivos. También podéis usar personajes de dibujos animados o películas (como Ramírez, etc.).

Caballo	Enfadado
Gato	Lento
Jirafa	Rápido
Zorro	Despistado
Loro	Goloso
Perro	Atento
Gato	Lento
Canario	Rojo, verde, ...

4 Ya conoces las expresiones *Si tú lo dices* (cap. VII) y *Te lo juro por lo más sagrado.* (cap. VIII). Existen otras que se usan en los mismos contextos:

Para decir a alguien que lo que dice no nos convence, no lo creemos, no estamos de acuerdo:
Si crees que es así; Si lo piensas así; Si a ti te convence, ...

Para asegurar con énfasis que lo que decimos es verdad:
De verdad; Te lo juro; Te lo juro por lo más sagrado; Te lo prometo, ...

Intenta usarlas en estas conversaciones:
> *Oye, ¿por qué has dicho a Juan que yo soy tonto?*
< *Yo no he dicho eso.*
> *Pues no me lo creo.*
< ....

> Ese escritor es maravilloso.
< Bueno, pssch.... sí, pero
>¿No te parece bueno?
< Es que no me gusta cómo trata a las mujeres en sus novelas.

> Me ha tocado la lotería.
< Ya, ya. Siempre estás inventando cosas.
>

> Creo que debes estudiar más.
< Yo estudio, pero pienso que no es tan importante.
> Bueno,
< De todas formas te prometo que voy a estudiar más. ¿No me crees?
> Bueno,

> ¿Vas a venir esta noche con nosotros?
< Sí.
> Venga, ¿de verdad? Tú siempre dices lo mismo y luego no sales.
<

Expresión escrita

En el capítulo VIII Miguel tiene una conversación con Buendía. Aunque sólo escuchamos una parte, podemos imaginar lo que dice la otra por las respuestas y preguntas del periodista. Intenta completar tú los diálogos. Te damos algunas sugerencias entre paréntesis:

Miguel: Buendía, ¿qué tal? ¿cómo te va todo?
Buendía (Habla de la familia, el trabajo...):

Miguel: Me alegro. Oye, amigo, estoy metido en un problema y me tienes que ayudar.
Buendía (Pregunta qué y da ideas):

Miguel: No es nada de drogas.
Buendía (Insiste: no le gustan las drogas):

Miguel: Ya sé que tú no te dedicas a eso, hombre. No, mira, estoy en Barajas y voy a salir para allá. Tienes que conseguirme a alguien con conocimientos en plantas de la selva.
Buendía (Con sorpresa, pide confirmación):

Miguel: Sí, de venenos de la selva.
Buendía: (Insiste en las drogas):

Miguel: De verdad, no es nada de drogas. Es mucho más complicado. Es un trabajo que nos van a pagar muy bien.
Buendía (Acepta, insiste en las drogas):

Miguel: Y sin drogas.
Buendía (Insiste y habla de tus hijos):

Miguel: Ya sé que tienes una familia muy grande y que tú no te relacionas con esos temas. Si te conozco desde hace cien años. ¿Te pido algo fuera de la ley alguna vez?

Buendía (se despide):

Miguel: Nos vemos dentro de unas horas.

Buendía (Pregunta dónde):

Miguel: Adiós, José.

Buendía (Despedida):

Debate o Expresión escrita

1 *a)* Como ves, José Buendía no quiere saber nada de drogas. Vamos a ver qué pensáis vosotros sobre este tema. En grupos, vais a dar vuestras opiniones. También podéis discutir las respuestas a estas preguntas. Después de diez minutos cada grupo expone las dos ideas más importantes de todo lo discutido. Tras la participación de todos los grupos, podéis hacer preguntas o matizaciones a cada grupo.

Sugerencias:

- ¿Es el alcohol una droga? ¿Y el tabaco?
- ¿Existe información para los jóvenes? ¿Cómo es? ¿Quién la da?
- ¿Existe información para los padres y mayores? ¿Pensáis que es necesaria?
- ¿Cómo es la ley en vuestro país? ¿Estáis de acuerdo con el sistema? ¿Cuál es el sistema ideal?

b) Ahora vais a leer el siguiente folleto sobre el alcohol. Está hecho por la Junta de Andalucía (Consejería de Asuntos Sociales) para informar a los jóvenes. Después de leerlo y solucionar las dudas de vocabulario, podéis hacer un pequeño comentario (escrito u oral) sobre él:

- ¿Os parece bien?
- ¿Qué reacción habéis tenido después de leerlo?
- ¿Hay algo igual en vuestro país?
- ¿Pensáis que es claro y que puede servir para algo?
- ¿Has aprendido algo con él?

El **alcohol** ES LA MISMA SUSTANCIA QUÍMICA PRESENTE EN TODAS LAS BEBIDAS ALCOHOLICAS: **vino, cerveza o licores.** DEPRIME EL SISTEMA NERVIOSO Y PRODUCE DESINHIBICIÓN, POR LO QUE ES GRATIFICANTE PARA ALGUNOS. ES UNA DROGA QUE PRODUCE DEPENDENCIA **(alcoholismo)** Y TOLERANCIA **(necesidad de ir aumentando la cantidad para conseguir el mismo efecto).** TAMBIEN PRODUCE EFECTOS TOXICOS: CIRROSIS HEPATICA, GASTRITIS, AUMENTA LA PRESION SANGUINEA, CANCER ORO-FARINGEO Y OTROS, POR ESO NUESTRO MENSAJE ES, **vive sin alcohol,** TU CUERPO NO LO NECESITA PERO SI VAS A TOMAR ALGUNA COPA, **recuerda:**

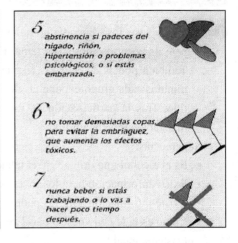

1 comer suficiente para evitar los efectos tóxicos sobre el estómago vacío.

2 desplazarse en autobús, tren o taxi.

3 no utilizar el alcohol para afrontar "mejor" situaciones difíciles.

4 nunca mezclar alcohol y otras drogas

5 abstinencia si padeces del hígado, riñón, hipertensión o problemas psicológicos, o si estás embarazada.

6 no tomar demasiadas copas, para evitar la embriaguez, que aumenta los efectos tóxicos.

7 nunca beber si estás trabajando o lo vas a hacer poco tiempo después.

Junta de Andalucía. *Consejería de Asuntos Sociales. Comisionado para la droga.*

Capítulos IX y X

Comprensión lectora

1 ¿Dónde se queda el periodista durante su estancia en Cartagena?

2 ¿En qué trabaja Melchor Márquez?

3 ¿Acepta el médico colombiano ir a Madrid?

4 ¿Cómo está el periodista después de la boda? Describe su estado. ¿Por qué piensas que está así?

5 ¿Qué ha hecho el policía durante el viaje del sospechoso?

6 Al salir del aeropuerto, ¿cómo sigue Oso Goloso a Miguel?

7 ¿Qué hace el policía mientras Arteaga está en su casa? ¿Cuánto tiempo está allí?

8 ¿Por qué quiere el policía coger una baja o unas vacaciones?

9 ¿Verdadero o Falso? Justifica tu respuesta:

Ejemplo: José Buendía es un médico que conoce muchas enfermedades típicas de la selva. → *Falso: El médico es Melchor, no José.*

• El periodista pierde el avión porque se queda dormido en la sala de espera, antes de embarcar.

• Melchor Márquez no puede solucionar el problema del futbolista.

• Buendía va a casarse y ha invitado a Miguel a la boda.

• Oso Goloso no ha dormido nada en dos días.

Gramática y Vocabulario

1 En el capítulo IX tienes un resumen del viaje del periodista. Usa el presente con valor de pasado. Aquí tienes una adaptación:

En Madrid tomo una pastilla para dormir. El avión se retrasa dos horas. Eso es muy normal últimamente. Las azafatas me meten en el avión en brazos. Me duermo. Me despierto al pasar por las aguas del Caribe que tienen un color increíble. Aterrizamos. A la salida me espera Buendía con un señor que no conozco y que se llama Melchor Márquez y es coronel retirado. Salimos del aeropuerto y vamos a uno de los bares del centro. Explico los síntomas del envenenamiento de Barboza. Cuando termino de hablar, se bebe un vaso de ron sin hielo de un trago y salimos.

Imagina que tú cuentas esto por la tarde del mismo día. Usa el pretérito perfecto en lugar del presente para las cosas que son pasadas y el presente para cosas descriptivas y atemporales:

Ejemplo:

En Madrid Miguel ha tomado una pastilla para dormir......(continúa tú).

2️⃣ *"León Loco va a aterrizar dentro de quince minutos"* (cap. X).

Recuerda que **dentro de** + tiempo y **hace** + tiempo, son estructuras muy útiles para referirnos al futuro o al pasado.

Ejemplo:

Dentro de quince minutos voy a ir al cine.

He vuelto de la playa hace quince minutos.

Practica tú; sustituye la frase por una sinónima usando las estructuras **dentro de...** y **hace...** . Debes saber que son las tres de la tarde de un sábado de septiembre.

• El sábado voy a Madrid.

• En octubre viajo a Cuba otra vez.

• En la Navidad pasada alquilé una casa en la montaña.

• A las siete y media tenemos que estar en el médico.

3 Oso Goloso usa al final del capítulo X las siguientes expresiones:

> *Estar en el ajo*
> *Hacer el tonto*
> *Estar hasta las narices*
> *Estar fuera de juego*

Completa estas ideas usando la expresión correcta. No olvides que tienes que poner el verbo en la forma apropiada:

- Si en un bar la gente habla de política y no entiendo nada,
- Si invitas y das dinero a todo el mundo, ...
- Si todos los días a las siete de la mañana una moto te despierta con un ruido horrible, ...
- Si participo en la preparación de una fiesta sorpresa, ...
- Si un jugador marca un gol desde las gradas, donde se sientan los espectadores,

4 Nuestro amigo Miguel ha ido a una boda en Colombia. Seguro que has estado alguna vez en una celebración así. Vamos a comparar las bodas en los distintos países.

a) Piensa durante unos minutos en los distintos temas que te señalamos en cada columna. Anota lo más importante y luego cuéntaselo a tus compañeros:

PAÍS	Duración de la celebración.	Regalos	Ropa (color, tipo)	Comida típica	Bebida típica	Ceremonia religiosa
España	Un día	Cosas para la casa; Dinero	Mujer: vestido largo y blanco; blanco velo Hombre: Traje oscuro.	Mariscos, carne o pescado, ... Tarta de pisos.	Vino, Cava	Es importante y común, pero también existe la ceremonia civil.

b) Ahora vas a escribir unas líneas sobre lo que más te ha sorprendido: ¿Por qué es sorprendente? ¿Cómo es en tu país?, ...

Expresión escrita

El policía está cansado de perseguir a un sospechoso que no hace nada. Está pensando en irse de vacaciones o pedir una baja por depresión. Imagina que eres tú. ¿Qué vas a hacer? Escribe cinco argumentos a favor o en contra de cada posibilidad.

Ejemplo:

Argumento 1: Yo no voy a coger una baja por depresión, porque entonces tengo que ir al médico y no me gustan los médicos.

Comprensión lectora

1 • ¿Qué ha pasado con el futbolista en el último momento? ¿Se ha curado? ¿Ha jugado el partido?

• ¿Quiénes son los dos personajes que están en el avión?

• ¿Por qué piensas que los personajes dicen que lo que ha pasado en el fútbol es una vergüenza? ¿Estás de acuerdo con ellos?

• ¿Puedes explicar por qué se llama la novelita *Fuera de juego?* ¿Piensas que es un buen título?

Gramática

1 Cuando el periodista vuelve dice: «*En Madrid ha ido todo sobre ruedas: 1. Me voy a casa. 2. Melchor sale del aeropuerto. El médico del club lo espera en la parada de taxis. Lo lleva a la clínica y comienza a trabajar. (...) 3. Me llama Sintora para contarme lo que ha pasado con el jugador y el brujo.*»

Vuelve a contarlo tú, usando la tercera persona y el pretérito perfecto:

Ejemplo: Miguel se ha ido a su casa y ....

2 Y para terminar vamos a practicar un poco el indefinido. Cuenta tú la curación del futbolista (hasta que el jugador se levanta), pero usando el indefinido en vez del presente:

Ejemplo:

El brujo bebe el líquido, pero no se lo traga → *El brujo **bebió** el líquido, pero no se lo **tragó**.*

Opinión, debate y conclusiones

1 Moraleja final:

1. Ahora tenéis que escribir individualmente tres frases que puedan servir como moraleja.

Ejemplo: *En el fútbol lo más importante es lo que menos importa.*

2. Debéis leerlas en voz alta y comentarlas.

3. Entre todos vais a elegir las tres mejores frases argumentando por qué.

2 Leed y comentad las opiniones de la página siguiente que salieron en la revista semanal de *El País: ¿Con quién os identificáis más? ¿Qué persona pensáis que tiene más razón?* ....

José, 74 años, vendedor de globos
"De todos los deportes, el fútbol
se lo come todo"

Nuria, 68 años, ama de casa
"Hay mucho fútbol y mucho dinero,
todo es un juego"

Elisa, 23 años, estudiante
"En el *Telediario* se pasan media hora
hablando de fútbol"

Bhueyan, 27 años, cocinero
"La Liga española es la mejor de todas.
Pero eso sí: la cocina, la paquistaní"

J. Carlos, 26 años, Guarda jurado
"A mí el fútbol
me produce sueño"

Antonio, 50 años, jardinero
"El fútbol está corrompido, los jugadores
no valen lo que pagan por ellos"

Patricio, 54 años, comercial
"El fútbol es
lo más sano que hay"

David, 28 años, admínistratívo
"El fútbol...
¡guau!"

Carmen, 71 años, ama de casa
"Estoy deseando que empiece la Liga
para distraerme"

Solucionario

Comprensión lectora

1 Ocurren en un bar.

2 El hombre que habla en el capítulo I es un policía y está trabajando. Está siguiendo / vigilando a una persona. La historia empieza en un bar. El hombre del capítulo II es un periodista y cuenta algo que ha pasado en un partido de fútbol con un jugador brasileño muy famoso.

3 El nombre que usa es Oso Goloso.
Está hablando con sus compañeros a través de un micrófono que tiene en una muela.

4 Salen seis personas: el camarero, el policía, una chica joven, dos hombres de unos cuarenta años y un hombre de unos treinta. Parece que el más importante es el hombre de treinta años, el último que entra en el bar.

5 Habla sobre fútbol. Esta hablando solo, porque está grabando la información para después escribir un libro.

6 Sí. Un jugador de fútbol brasileño muy famoso se ha desmayado durante el partido.

7 Falso: Habla con sus compañeros. Verdadero: Él lo dice al empezar a grabar. Falso: No está enfermo por bailar; no se sabe la causa. Verdadero.

Gramática y Vocabulario

1 a) y b)

sacar-manos	llegan-pies	se ponen-todo el cuerpo	tira- todo el cuerpo
meter-manos	entra-pies	piden-boca, lengua, ...	limpia-manos y brazos
mueve-manos	lleva-manos	se sienta-todo el cuerpo	seca-manos y brazos
se acerca-pies	va (hacia)-pies	saca-manos y brazos	disculpa-manos, hombros,..
tráigame-manos y pies	habla (con)-boca	ojear-manos y ojos	dice-boca, lengua, ...
viene-pies, piernas	lengua,	cierra-manos	regresa-pies
masticar-boca	...no me	llega-pies	se está afeitando-manos
comeré-boca	mira-ojos	pone-mano y brazos.	y cara
	pasa de largo-pies	se rasca-manos y dedos	

2 **De realización libre.**

3 hace tres horas que lo miro
Tienes puestos
uso
hace horas que busco
me acercas

4 Semilibre
Se llama Miguel Arteaga. Es periodista. Es rubio y mide un metro setenta. Tiene unos treinta años. Lleva una mochila negra. Entra en el bar y se sienta a una mesa. Pide una cerveza y una tapa y saca el periódico de la mochila. Parece que habla solo, pero habla a una grabadora. Tira la cerveza.

⑤ Los niños siguen sin dormir - Los niños siguen durmiendo.
Nosotros estudiamos sin oír música - Nosotros estudiamos oyendo música.
Ustedes hablan sin gritar - Ustedes hablan gritando.
Vosotros escribís al ordenador sin mirar la pantalla - Vosotros escribís al ordenador mirando la pantalla.
Mi padre limpia la casa sin oír la radio - Mi padre limpia la casa oyendo la radio.
Mis amigos discuten sin dar gritos - Mis amigos discuten dando gritos.
Tú duermes sin despertarte - Tú duermes despertándote.
Yo sigo sin divertirme - Yo sigo divirtiéndome.

⑥ Faltan treinta minutos para salir.
Faltan dos minutos para el Año Nuevo.
Faltan tres horas para nuestras vacaciones.
Falta un minuto para ver a mi cantante favorito.
Faltan muchos meses para el verano.

⑦ *1. Va hacia la playa. 2. Va hacia el teléfono. 3. Viene del colegio. 4. Viene hacia la bicicleta. 5. Viene a la fiesta. 6. Va hacia los regalos.*

Trabajo en grupo y debate

De realización libre.

Expresión escrita

De realización libre.

Comprensión lectora

1. Habla con el sospechoso porque quiere saber qué está escribiendo. Hablan sobre las máquinas tragaperras.

2. Primero recibe una llamada de teléfono y después de hablar coge un taxi.

3. Oso Goloso llama a Ramírez porque es el que tiene coche. Los dos siguen al sospechoso.

4. Está hablando solo. Al taxista no le parece nada extraño porque ha visto de todo en veintidós años.

5. Ha hablado por teléfono con Sintora.

6. Porque ha quedado con Sintora allí.

7. Porque las pilas se pueden acabar.

8. Falso: Saca el móvil, no la grabadora; Falso: Coge un taxi; Falso: Va en el coche con Ramírez; Falso: El periodista tiene una cita con Sintora; Falso: El que va a Sudamérica es Miguel, no Sintora.

Gramática y Vocabulario

1. Ya está / Por fin he terminado.
Ya veremos, porque estoy un poco enfermo.
Por cierto, yo quiero hablar sobre mi sueldo. ¿Es posible tener una subida?
Por fin. La he arreglado a tiempo.
Bueno, a lo que vamos. Tenemos que empezar ya el trabajo.
Vale / De acuerdo. Te lo dejo.

2. a) (No) Me gusta el fútbol - (No) Me gustan los periodistas - (No) Me gustan los futbolistas - (No) Me gusta el zoo - (No) me gusta el cine - (No) Me gustan los toros - (No) Me gustan las maquinitas - (No) Me gusta la tortilla - (No) Me gustan los deportes - (No) Me gustan los animales - (No) me gustan los juegos.
b) Libre.

ACERA	sí	no	sí	no	sí	no	sí	sí	sí	sí	no
CALLE	sí	sí	sí	sí	sí	sí	sí	sí	sí	sí	sí
PLAZA	sí	no	sí	no	no	no	sí	sí	sí	sí	no
PORTAL	sí	no	sí	no	no	no	sí	no	no	no	no
AUTOVÍA	no	sí	sí	sí	no	no	no	no	no	sí	sí
PARQUE	sí	no	sí	no	no	no	sí	sí	sí	sí	no
ZOO	no	no	sí	no	no	no	sí	sí	no	sí	no
CARRETERA	no	sí	sí	sí	sí	sí	no	no	sí	sí	sí

Nota:
Algunas respuestas pueden ser sí/no. El alumno puede justificar su respuesta.

b) Libre

④ a)
ESTAR + GERUNDIO: Está escribiendo - Estoy empezando - Está terminando - Está llamando - Está sonando - Está levantando - Me está llamando - Me está gritando - Está llamando - Estoy tomando - Estar dando vueltas y oyéndolo - Está lamiendo.
ESTAR = SITUACIÓN: Ya estoy aquí - Estoy en la mesa - Estoy en la calle - Estoy aquí - Estoy en el número 54 de la Calle Olmos - Donde he estado - Estoy dentro del zoo - Ahí están las jirafas -
ESTAR + ADJETIVO: está pensativo - estoy enganchado -

b)
escribiendo - escribir - escribo
empezando - empezar - empiezo
terminando - terminar - termino
llamando - llamar - llamo
sonando - sonar - sueno
levantando - levantar - levanto
gritando - gritar - grito
tomando - tomar - tomo
dando - dar - doy
oyendo - oír - oigo
lamiendo - lamer - lamo.

Expresión escrita

De realización libre.

Debate

De realización libre.

Comprensión lectora

1. Con Sintora, la persona con la que ha hablado por teléfono.

2. Lo han envenenado.

3. Sudamérica, Colombia. Porque allí hay más especialistas en plantas de la selva y venenos. Tiene que ir para traer a un chamán.

4. Los billetes del avión, dinero para gastos y un informe médico que explica la enfermedad de Barboza.

5. Entra sin pagar, porque puede perder al sospechoso si espera al jefe de taquilla.

6. El futbolista puede morir.

7. Falso: Es Sintora el que no puede encender el cigarro; Falso: Cuesta diez euros; Falso: Tiene el pelo blanco; Falso: Ésa es la razón del viaje del periodista.

Gramática y Vocabulario

1. Libre

2. Una jirafa lame la oreja al policía porque el auricular las atrae. El periodista se acerca a un hombre de pelo blanco y le dice algo. Él está nervioso y saca una carpeta de documentos para el periodista y se la da. El periodista la guarda. Después se sienta en un banco y saca unos papeles. El policía mira al periodista y después lo sigue a la salida.

3. a)
Vas a ir - Vais a ir - Va a ir - Van a ir
Te vas a traer - Os vais a traer - Se va a traer - Se van a traer.
Sales - Salís - Sale - Salen

Sobornas - Sobornáis - Soborna - Sobornan
Traes - Traéis - Trae - Traen
b)
Ve - Id- Vaya- Vayan
Trae - Tráete - Traeos - Tráigase - Tráiganse
Sal - Salid - Salga - Salgan
Soborna - Sobornad - Soborne - Sobornen
Trae - Traed - Traiga - Traigan

4. No tienen relación: comprar tabaco, pedir facturas, abrir el equipaje, comprar comida, ver la televisión.
Orden: 1º Facturar el equipaje; 2º Elegir asiento; 3º Decir a la azafata que es vegetariano ; 4º Coger la tarjeta de embarque; 5º Pasar el control de pasaportes; 6º Ir a su puerta de embarque;

Expresión escrita

De realización libre.

Comprensión lectora

1. Porque quiere conseguir un ascenso y para ello necesita solucionar un caso importante.

2. Es un policía, el compañero de Oso Goloso.

3. A la puerta de la casa de Miguel Arteaga, el periodista.

4. Va hacia el aeropuerto.

5. Porque necesita hablar con Buendía para pedirle ayuda.

6. Buendía es su contacto en Sudamérica. Es la persona que le arregla todos los papeles cuando el va a llevarse algún jugador.

7. No.

8. Verdadero; Falso: No habla durante el vuelo; habla antes de embarcar; Verdadero: En la conversación por teléfono lo dicen. Falso: Buendía no quiere saber nada de drogas. Cuando está hablando con Miguel insiste continuamente en ello.

Gramática y vocabulario

1. Libre. Este ejercicio depende de cada alumno. Permite muchas posibilidades.

2. cruzar
   darme / acercarme
   no me preocupo de la familia
   entra
   trafica con

3. Libre

4. Permite varias probabilidades en cada diálogo:
   —Te lo juro, te lo prometo…
   —Pero si tú lo dices (o si a tí te convence, o…)
   —Te lo prometo (Te lo juro,…)
   —Si tú lo dices (si a tí te convence…)
   —Te lo prometo (Te lo juro,…)

Expresión escrita

De realización libre.

Debate y Expresión escrita

De realización libre.

Capítulos IX y X

Comprensión lectora

1. En el hotel Macondo.

2. Cura las enfermedades.

3. Sí. Dice que puede curar a Barboza.

4. Está muy mal. Él compara la habitación con una lavadora y a sí mismo con ropa sucia. Está así porque ha estado en una boda y se supone que ha bebido mucho alcohol.

5. Ha descansado.

6. Lo sigue en su coche.

7. Vigila dentro del coche. Está allí diez horas.

8. Porque está cansado de esa situación: perseguir a un sospechoso que no hace nada malo.

9. Falso: Las azafatas meten a Miguel en el avión en brazos porque estaba dormido; Falso: Melchor Márquez dice que sí sabe lo que hay que hacer para curar a Barboza; Falso: No se va a casar Buendía, sino su hermana; Falso: Ha dormido dos días.

Gramática y Vocabulario

1. En Madrid Miguel ha tomado una pastilla para dormir. El avión se ha retrasado dos horas. Eso es muy normal últimamente. Las azafatas lo han metido en el avión en brazos. Miguel se ha dormido y se ha despertado al pasar por las aguas del Caribe, que tienen un color increíble. Han aterrizado. A la salida lo ha esperado Buendía con un señor que el periodista no conoce y que se llama Melchor Márquez y es coronel retirado. Han salido del aeropuerto y han ido a uno de los bares del centro. Miguel ha explicado los síntomas del envenenamiento de Barboza. Cuando ha terminado de hablar Melchor se ha bebido un vaso de ron sin hielo de un trago y han salido.

2. Dentro de siete días voy a ir a Madrid.
Dentro de un mes viajo a Cuba.
Hace nueve meses alquilé una casa en la montaña.
Dentro de cuatro horas y media tenemos que estar en el médico.

3. Si................., estoy fuera de juego / no estoy en el ajo.
Si..............................., estás haciendo el tonto / haces el tonto.
Si....................., estás hasta las narices.
Si........................, estoy en el ajo.
Si ...., está fuera de juego.

4. **De realización libre.**

Expresión escrita

De realización libre.

Capítulo XI

Comprensión lectora

1 El futbolista se ha curado. Empezó a jugar el partido pero recibió una patada y tuvo que dejar de jugar.

2 Son el periodista y el policía.

3 Porque han gastado mucho dinero en curar a Barboza, y al final no ha servido para nada.

4 Porque realmente no cuenta nada del fútbol. Los protagonistas están todo el tiempo haciendo algo que no es lo normal: el jugador no juega, el policía no descubre nada y el periodista, encargado de buscar promesas futbolísticas, viaja buscando curanderos.

Gramática

1 1. Miguel se ha ido a su casa 2. Melchor ha salido del aeropuerto. El médico del club lo ha esperado en la parada de taxis. Lo ha llevado a la clínica y ha comenzado a trabajar. 3. Sintora ha llamado a Miguel para comentarle lo que ha pasado con el jugador.

2 El brujo bebió el líquido pero no se lo tragó, sino que lo escupió (...). Sacó una lupa y le miró durante un rato las uñas de los pies. (...) Las miró, las miró, y las volvió a mirar.

Entonces sacó una mosca de una cajita de madera y ató un hilo finísimo a la mosca y al dedo pequeño de uno de los pies de Barboza. De nuevo sacó la rama y dio unos pases mágicos. Se colocó en la parte de arriba de la cama y empezó a cantar. (...) Cuando terminó sacó un cigarrillo, lo encendió y quemó a la mosca prisionera. Para terminar le metió en la boca a Barboza dos cucharadas del líquido verde. De repente Barboza se levantó y se fue al cuarto de baño.

Tarea Final

De realización libre.

Nota:
En los ejercicios de realización libre, siempre hemos intentado sugerir algunos procedimientos. De todas formas, dejamos a criterio del profesor (si se va a trabajar con este material en clase) o de los propios lectores el usarlos o no. No hemos querido ser demasiado exhaustivos, pues nuestro objetivo principal es la lectura crítica y amena.

Vocabulario por capítulos
(español-inglés, francés y alemán)

Palabra o Expresión	Explicación o ejemplo	Inglés	Francés	Alemán
INTRDUCCIÓN				
las dificultades	Impedimentos, trabas.	difficulties or problems	difficultés	Schwierigkeiten
la grabación	Impresión de un sonido en soporte magnético.	recording (on a tape or cassette)	enregistrement	Aufnahme
el caso	El asunto.	case	cas	Fall
la verdad	Lo que ha ocurrido en realidad.	the truth	vérité	Wahrheit
atento,- a	Que presta atención a algo.	paying attention to	attentif	aufmerksam, ge-spannt
la frontera	El límite, el borde de un país.	the frontier/border	frontière	Grenze
todavía	Aún.	still (adverb)	encore	noch
por eso	De ahí que, a causa de eso.	this / that is why	c'est pourquoi	deshalb
en exclusiva	Sólo para un medio de comunicación.	an exclusive (in the media)	en exclusivité	exklusive
los acontecimientos	Los hechos, los sucesos.	the events	événements	Ereignisse
goloso, -a	Que le gusta mucho las golosinas o dulces.	sweet-toothed	gourmand	Leckermaul
por razones de seguridad	Porque puede ser peligroso para la policía.	for reasons of security	pour des raisons de sécurité	aus Sicherheitsgründen
retransmitir (reg.)	Enviar, mandar información.	to broadcast	retransmettre	weiterschicken, übertragen
el seguimiento	La persecución de una persona por parte de un detective.	following monitoring or follow up (of events or a person)	accompagnement	Verfolgung
grabar (reg.)	Registrar un sonido o imagen en una cinta.	to record	enregistrer	aufnehmen
la cinta	Casete.	tape or cassette	cassette	Kassette
agradecer (irreg.)	Dar las gracias.	to thank or give thanks to somebody	remercier	danken

Palabra o Expresión	Explicación o ejemplo	Inglés	Francés	Alemán
el comisario	Cargo de la policía.	police commissioner	commissaire	Kommissar
la amabilidad	Hecho de ser amable, cortés, atento...	kindness	amabilité	Freundlichkeit, Entgegenkommen
disfrutar (reg.)	Gozar de algo.	to enjoy something	éprouver du plaisir	genießen, sich amüsieren
CAPÍTULO I				
el auricular interno	Pequeño aparato que en la novela está dentro del oído del policía y que nos permite oír una conversación lejana.	Internal receiver	écouteur interne	Empfänger
sacar (reg.)	Extraer.	to take or pull something out	sortir	herausziehen
meter (reg.)	Introducir.	to put something inside something else	mettre	stecken
la muela empastada	Diente que se ha arreglado porque estaba enfermo.	filling (in a tooth)	molaire plombée	plombierter Zahn
presentar una queja (reg.)	Protestar oficialmente por algo.	to make a complaint	déposer plainte	sich beschweren
la rueda	Objeto que sirve para que los coches anden.	the wheel	roue	Rad
el volante	Objeto redondo que está delante del conductor y que sirve para cambiar la dirección del coche.	the steering wheel	volant	Lenkrad
acercarse (reg.)	Ir hacia un lugar determinado, ponerse cerca de algo o alguien.	to come close / to approach	approcher	sich nähern
comprobar	Demostrar, ver que algo es verdad.	to check that something is true	vérifier	überprüfen
la voz, las voces	Sonido que hace el ser humano para hablar.	the voice	voix	Stimme, Stimmen
el cortocircuito	Mal funcionamiento de un circuito eléctrico.	a short-circuit	court-circuit	Kurzschluß
el ruido	Sonido confuso más o menos fuerte.	the noise	bruit	Lärm
masticar (reg.)	Romper la comida con los dientes.	to chew	mâcher	kauen
el rastro	Señal o indicio de algo o alguien.	the trace	trace	Spur

Palabra o Expresión	Explicación o ejemplo	Inglés	Francés	Alemán
sospechoso, -a	Persona a la que creemos causante de un acto ilegal.	the suspect or person suspected of doing something illegal	suspect	Verdächtiger
la carpeta	Objeto que se usa para meter papeles o documentos y poder transportarlos.	folder, file	chemise, dossier	Mappe, Kladde
la barra	Parte del bar donde se puede tomar algo de pie o en sillas altas. Los camareros están a un lado y los clientes al otro.	bar	bar	Theke
ceñido, -a	Adjetivo que usamos para decir que la ropa nos queda muy pegada al cuerpo.	tight-fitting	ajusté	eng
ancho, -a	Amplio, que tiene anchura.	wide	large	weit
el ombligo	Parte del cuerpo por donde entra el alimento cuando estamos en el vientre de nuestra madre, antes de nacer.	navel or belly-button	nombril	Nabel
pasar de largo (reg.)	Cruzar por un sitio sin pararse en él.	to pass by / to go past	passer (sans s' arrêter)	vorbeigehen
el ejecutivo	Persona que trabaja en oficinas y que suele tener un aspecto fijo: traje, corbata, cartera, ...	executive	cadre	Manager Führungshraft
la raya	Línea.	stripe / pin-stripes (of a suit)	ligne	Streifen
gafas de diseño	Gafas de marca, de algún creador famoso.	designer glasses	lunettes design	Modebrille
en seguida	Pronto, rápidamente.	immediately / straight away	tout de suite	sofort
medir (irreg.)	Determinar la altura, peso... de algo.	to measure / to be so many feet or metres tall	mesurer	messen
la mochila	Bolso que se lleva colgado en la espalda.	rucksack / backpack	sac à dos	Rucksack
hojear (reg.)	Pasar las hojas de un libro o de un periódico.	to leaf or flick through (a newspaper or magazine)	feuilleter	duchblättern
pensativo, -a	Que piensa o reflexiona.	thoughtful / thoughtfully	pensif	nachdenklich

Palabra o Expresión	Explicación o ejemplo	Inglés	Francés	Alemán
rascarse (reg)	Lo que se hace porque un mosquito nos ha picado en alguna parte del cuerpo, por ejemplo.	to scratch	se gratter	kratzen
tirar (reg.)	Arrojar una cosa, derribarla.	to spill or knock something over	jeter / renverser	umwerfen
secar (reg.)	Quitar un líquido.	to dry	sécher	trocknen
la servilleta	Trozo de tela que usamos para limpiarnos cuando comemos.	serviette	servillette	Serviette
disculparse (reg.)	Pedir perdón.	to apologize	s'excuser	sich entschuldigen
la máquina de afeitar	Instrumento que se usa para quitar el pelo de la cara.	electric razor / shaver	rasoir	Rasierapparat
la grabadora	Instrumento que se usa para recoger en una casete la conversación o la voz de alguien.	tape-recorder	enregistreur	Aufnahmegerät
la pila	Batería (fuente de energía) que ponemos en algunos instrumentos para que funcionen.	battery	pile	Batterie
CAPÍTULO II				
observar (reg.)	Examinar con atención.	to watch	observer	beobachten
recordar (irreg.)	Traer a la memoria.	to remind / toremember	rappeler	erinnern
confundir (reg.)	Mezclar cosas o personas de manera que no puedan distinguirse.	to confuse or mix up something or somebody	confondre	verwechseln
manchar (reg.)	Hacer una mancha (señal que una cosa hace en otra ensuciándola).	to stain, make something dirty	souiller / salir	beschmutzen
estropeado, -a	Que no funciona bien.	broken / out of order	abîmé	beschädigt, kaputt
el partido	Encuentro, reunión de dos equipos para jugar.	match	match	Spiel
ganar (reg.)	Conseguir la victoria en una competición.	to win (a match, trophy of tournament)	gagner	gewinnen
la inversión	Acción de meter el dinero en un negocio para conseguir más.	investment	investissement	Investition

Palabra o Expresión	Explicación o ejemplo	Inglés	Francés	Alemán
ser culpa de (irreg.)	Ser la causa de algo negativo.	to be to blame for something	être la faute de	schuld sein
empujar(se) (reg.)	Hacer fuerza contra una cosa o persona para moverla.	to push	se pousser	drücken
ocurrir	Suceder, pasar.	to happen	se passer	passieren
el despacho	Lugar donde se realizan los negocios o se recibe a las personas para tratar cualquier asunto.	office	bureau	Büro
el vestuario	Lugar donde se visten los deportistas.	changing room	vestiaire	Umkleideraum
tener(se) miedo (irreg.)	Estar asustado por una situación.	to be afraid	avoir peur (l'un de l'autre)	Angst haben
sobre todo	En especial, especialmente.	above all	surtout	besonders
la costumbre	Lo que se suele hacer.	a habit or custom, something that somebody usually does	habitude	Gewohnheit
agarrar (reg.)	Coger con fuerza.	to grab something	accrocher	festhalten
soltar (irreg.)	Dejar libre.	to let go of	lâcher	loslassen
único, -a	Que no hay otro como él.	unique, unlike anybody or anything else	unique	einzig
tocar (reg.)	Entrar en contacto una parte del cuerpo con alguna cosa.	to touch	toucher	berühren
de pronto	De repente, sin aviso.	suddenly	soudain	plötzlich
detener(se) (irreg.)	Parar(se).	to stop	s'arrêter	anhalten
Caer al césped (irreg.)	Venir un cuerpo de arriba a abajo por su peso. Césped: hierba corta que hay en los campos de fútbol	to fall over on to the grass	tomber / le gazon	auf den Rasen fallen
el cuello	Parte del cuerpo que está entre la cabeza y el pecho o espalda.	neck	cou	Hals
camillero, -a	Persona que lleva a los enfermos en una cama especial con ruedas.	stretcher bearer	brancardier	Sanitäter
callar (reg.)	No hablar.	to keep quiet / to shut up	se taire	schweigen

Palabra o Expresión	Explicación o ejemplo	Inglés	Francés	Alemán
gritar (reg.)	Hablar muy alto, a voces.	to shout	crier	schreien
el parte médico	Informe médico.	medical report	bulletin de santé	Arztbericht
la intoxicación	Efecto negativo que produce en el cuerpo un elemento químico o natural en mal estado.	poisoning	intoxication	Vergiftung
la ostra	Molusco marino que vive en las rocas del mar y que es un plato muy caro en los restaurantes. Se come crudo. Dentro pueden tener unas perlas preciosas que se usan como adorno.	oyster	huître	Auster
analizar la sangre (reg.)	Analizar: Distinguir y separar las partes de algo. Sangre: líquido rojo que está en el interior de personas y animales.	to do a blood test	faire une analyse du sang	das Blut untersuchen
delantero, -a	Jugador de fútbol que está cerca de la portería del otro equipo.	forward / striker (in football)	attaquant	Stürmer
la rueda de prensa	Reunión de periodistas que hacen preguntas a un personaje.	press conference	conférence de presse	Pressekonferenz
el entrenamiento	Preparación física de los deportistas.	training	entraînement	Training
tener cuidado (irreg.)	Hacer algo con precaución.	to be careful	être prudent	vorsichtig sein
conseguir (irreg.)	Obtener, alcanzar.	to get or achieve something	obtenir	erreichen
el desmayo	Pérdida del conocimiento.	faint	évanouissement	Ohnmacht
el rayo	Descarga eléctrica que viene de las nubes cuando hace muy mal tiempo.	lightning	éclair	Blitz
chupar (reg.)	Absorber, lo que hacemos con la boca cuando queremos tomar un refresco con pajita, por ejemplo.	to absorb / to suck up	sucer	aussaugen
raro, -a	Extraño.	strange, odd	bizarre	verdächtig
las tonterías	Cosas sin sentido, locas.	nonsense / rubbish	bêtises	Dummheiten

Palabra o Expresión	Explicación o ejemplo	Inglés	Francés	Alemán
CAPÍTULO III				
dejar de (reg.)	Acabar de hacer algo que estábamos haciendo.	to stop doing something	arrêter de	aufhören
cortar (reg.)	Parar, detener.	to cut	couper	abbrechen
guardar (reg.)	Poner algo en un lugar seguro o secreto.	to keep / to put something away	ranger	aufbewahren
la agenda	Especie de libro donde apuntamos lo que tenemos que hacer todos los días para no olvidarlo.	diary	agenda	Terminkalender
llamar la atención (reg.)	Hacer cosas para que todos miren.	to attract attention	attirer l'attention	auffallen, Aufmerksamkeit erregen
la punta (del bolígrafo)	Parte final.	point (of a ballpoint or pen)	pointe	Spitze
los labios	Parte exterior de la boca, de color más rojo.	lips	lèvres	Lippen
mantener la conexión	Estar conectado, estar en contacto.	to stay or keep in touch or contact	garder le contact	die Verbindung aufrechterhalten
puede	Quizá, es posible.	maybe	peut-être	vielleicht
dar mala fama (irreg.)	Causar mala influencia o reputación.	to give (somebody) a bad reputation	nuire à la réputation de	schlechter Ruf
curar (reg.)	Quitar la enfermedad de alguien.	To cure, to treat an illness or injury	soigner	heilen
distraer (Me distrae)	Pasar el tiempo de manera agradable.	to entertain	amuser / distraire	ablenken
la acera	Parte de la calle por donde andamos.	pavement	trottoir	Bürgersteig
el bolsillo	Especie de bolsas en la ropa donde guardamos el dinero, por ejemplo.	pocket	poche	Hosentasche
buscar (reg.)	Intentar encontrar algo.	to find	chercher	suchen
el móvil	Tipo de teléfono que podemos llevar con nosotros a todas partes.	mobile teléphone	téléphone portable	Handy

Palabra o Expresión	Explicación o ejemplo	Inglés	Francés	Alemán
sonar (irreg.)	Lo que hace el teléfono cuando alguien nos llama. También el despertador suena por la mañana y tenemos que levantarnos.	to ring or go off (telephone or alarm clock)	sonner	klingeln
animado, -a (conversación)	Divertida, activa.	lively, animated	vif	angeregt
encender (un cigarrillo) (irreg.)	Poner fuego en el cigarrillo para poder fumarlo.	to light a cigarrete	allumer	anzünden
la esquina	Lugar exterior donde se encuentran dos paredes de un edificio.	corner	coin	Ecke
el brazo	Parte doble del cuerpo que va desde el hombro hasta la mano.	the arm	bras	Arm
suspender la operación (reg.)	Acabar con lo que se está haciendo.	to stop operations	arrêter l'opération	den Vorgang abbrechen
el desastre (de seguimiento)	Algo que funciona muy mal.	disaster (of monitoring)	désastre	Katastrophe
el puesto	Trabajo, puesto de trabajo.	job	poste	Stelle, Posten
firmar	Escribir nuestro nombre de manera personal para afirmar que estamos de acuerdo con lo que dice un documento.	to sign	signer	unterschreiben
falso, -a	No verdadera, no correcta.	false	faux	falsch
la pastelería	Tienda donde venden dulces y pasteles.	cake shop, patisserie	pâtisserie	Konditorei
recoger (a alguien) (irreg.)	Ir a buscar a alguien a un lugar determinado. Voy al colegio a recoger a los niños.	to pick (somebody) up	passer prendre	abholen
perder (irreg.)	Dejar de ver, dejar de tener controlado. Cuando no encontramos algo o a alguien.	to lose	perdre	verlieren
la sirena	Luz y sonido muy fuertes que tienen algunos coches de urgencia (bomberos, ambulancias, policía).	siren	sirène	Sirene, Martinshorn

Palabra o Expresión	Explicación o ejemplo	Inglés	Francés	Alemán
CAPÍTULO IV				
recordar (irreg.)	Está en el capítulo II.	to remember	rappeller	sich erinnern
asustar(se) (reg.)	Tener miedo.	to frighten / to be afraid	s'effrayer	erschrecken
chalado, -a, y delincuentes	Chalado: loco, sin razón. Delincuente: persona que ha hecho algo contra la ley.	loonies, nutcases, crazy people and crooks	fou et délinquant	Verrückter und Verbrecher
el asiento	Lugar donde se sientan las personas.	seat	siège	Sitz
el parto	Proceso en el que un bebé sale del vientre de su madre.	the birth	accouchement	Entbindung
dar vueltas (irreg.)	Moverse alrededor de algo.	to go round and round something	tourner en rond	im Kreis fahren
citar (reg.)	Encontrarse con alguien en un lugar y a una hora, tener una cita, quedar.	To make a date or appointment with somebody	donner rendez-vous	sich verabreden
tener que ver	Tener relación con...	to relate or to have (something) to do with	avoir (qqch) à voir	zu tun haben mit
el foso	Agujero, hoyo que está alrededor de algo para que nadie pueda entrar o salir.	(lion) pit	fosse	Graben, Grube
quedar (reg.)	Citarse con alguien.	to arrange to meet somebody	se retrouver	sich treffen
de vez en cuando	Algunas veces.	sometimes	de temps en temps	manchmal
pagar (reg.)	Dar dinero para conseguir algo.	to pay	payer	zahlen
fiarse de (reg.)	Poner la confianza en alguien.	to trust	avoir confiance en	trauen, vertrauen
de nuevo	Otra vez.	again	de nouveau	erneut
la entrada	Papel que tenemos que comprar para poder entrar en cines, museos, conciertos, ...	entrance, way in	entrée	Eintrittskarte
la jirafa	Animal que tiene manchas negras y que tiene el cuello muy largo. Vive en África.	giraffe	girafe	Giraffe
lamer (reg.)	Pasar la lengua por algo, por ejemplo un helado.	to lick	lécher	schlecken
la oreja	Parte del cuerpo por la que oímos. Tenemos dos y están a los dos lados de la cabeza. A veces las adornamos con pendientes.	ear	oreille	Ohr
cara de asco	Gesto de desaprobación, de no gustarnos algo.	looking disgusted	air dégoûté	Ausdruck des Ekels

Palabra o Expresión	Explicación o ejemplo	Inglés	Francés	Alemán
CAPÍTULO V				
la entrevista	Encuentro de dos personas para hablar.	interview	interview / rencontre	Interview
la taquilla	Lugar donde pagamos para entrar en un espectáculo: cine, teatro, zoo,....	ticket / box office	guichet	Kasse
colarse (irreg.)	Entrar en un lugar sin pagar.	to gatecrash to get in (without paying)	resquiller	sich durchschmuggeln
alejarse (reg.)	Ir lejos de un lugar o de una persona, retirarse.	to move away from somebody or something	s'éloigner	sich entfernen
emitir (reg.)	Enviar una señal.	to emit, send a message or signal	émettre	senden
atraer (irreg.)	Hacer que algo o alguien tenga interés por algo o alguien. Si hacemos un ruido extraño, atraemos la atención de la gente que está al lado.	to attract	attirer	anziehen, interessieren
canoso, -a	Con el pelo blanco.	grey or white-haired	grisonnant	weißhaarig
quedarse de pie (reg.)	Permanecer de pie.	to be or remain standing	rester debout	stehen bleiben
la estatua	Monumento de piedra o metal que representa a una persona, animal o cosa. Suele estar en los museos, parques, plazas, etcétera.	statue	statue	Statue
un rato	Un tiempo más o menos largo.	a while	moment	eine Weile
correr (reg.)	Andar muy rápido. Lo que hacemos al hacer "footing".	to run	courir	rennen
CAPÍTULO VI				
el contenido	Lo que está dentro de algo.	contents	contenu	Inhalt
el desarrollo	Evolución, manera en la que van sucediendo las cosas.	development	déroulement	Entwicklung
esconder (reg.)	Poner en un lugar secreto fuera de la vista de los demás.	to hide	cacher	verstecken
envenenar (reg.)	Dar o poner veneno a alguien o en algo.	to poison	empoisonner	vergiften

Palabra o Expresión	Explicación o ejemplo	Inglés	Francés	Alemán
la cerbatana	Tubo para lanzar pequeñas flechas echando aire a. través de él.	blowpipe	sarbacane	Blasrohr
espectador, -a	Persona que ve un espectáculo: partido de fútbol, teatro, cine, ...	member of the audience /	spectateur	Zuschauer
lanzar (reg.)	Tirar con energía.	to shoot / to throw	lancer	schießen, werfen
el dardo	Flecha pequeña, instrumento que usan en la selva para matar animales.	dart	dard, fléchette	Wurfpfeil
fulminar (reg.)	Caer o morir súbitamente.	to shoot (someboy) dead	s'écrouler	töten
el antídoto	Elemento que elimina el efecto de un veneno.	antidote	antidote, contrepoison	Gegengift
la banda	Conjunto de personas que hacen cosas ilegales y mafiosas. También hay bandas de música.	gang	bande	Bande
desaparecer (irreg.)	Dejar de estar en un lugar.	to dissapear	disparaître	verschwinden
el veneno	Sustancia que causa trastornos o muerte en el cuerpo.	poison	venin, poison	Gift
ayudar (reg.)	Prestar cooperación.	to help	aider	helfen
chamán, curandero local, hechicero	Médico de una tribu que ayuda a la gente y cura sus enfermedades con remedios naturales y mágicos.	witch doctor, medicine man	sorcier, charlatan	Schamane
el billete	Papel que necesitamos enseñar para poder viajar en avión, tren, autobús,...	ticket	billet	Flugkarte
el sobre	Donde metemos las cartas que escribimos para mandarlas por correo.	envelope	enveloppe	Umschlag
los gastos	Dinero que pagamos. Durante una semana tenemos diferentes gastos: en comida, transporte,....	expenses	frais	Ausgaben, Unkosten
sobornar (reg.)	Dar dinero a alguien para que no diga algo o haga lo que queremos.	to bribe	suborner, corromore	bestechen
el puma	Animal felino parecido a la leona.	puma	puma	Puma
el vuelo	Desplazamiento por el aire.	flight	vol	Flug
flecha de caza	Instrumento delgado y con la punta afilada que se usa para cazar animales.	arrow used for hunting	flèche (pour la chasse)	Jagdpfeil

Palabra o Expresión	Explicación o ejemplo	Inglés	Francés	Alemán
CAPÍTULO VII				
estar harto de	Estar cansado de...	to be fed up	en avoir assez de	es müde sein
en clave	Secreto.	in code, secret	en code	geheim
loco, -a	Que tiene un problema mental. A veces el adjetivo se usa simplemente para decir que alguien hace cosas fuera de lo normal, en un sentido coloquial y amistoso.	mad or crazy person	fou	verrückt
la prueba	Objeto o acción que demuestra que alguien ha hecho algo.	piece of evidence proof	preuve	Beweis
el intercambio	Acción de dar algo para recibir algo.	exchange or interchange	échange	Austausch
descubrir (reg.)	Desvelar, hacer que algo oculto o desconocido se sepa.	to discover	découvrir	entdecken
el ascenso	Subida de nivel en un trabajo.	promotion	promotion	Aufstieg
mandar (reg.)	Ordenar.	to order	commander	befehlen
la guarida	Casa del oso. En un sentido coloquial puede ser la casa de los ladrones.	lair, hideout	repaire	Schlupfwinkel
el relevo	Cambio de persona en un puesto o trabajo.	changing	relève	Ablösung
sentarle bien (irreg.)	Ser bueno para el cuerpo o la salud.	to go down well (food)	faire du bien	gut tun
la sacarina	Edulcorante. Algo que pone dulce el café y que no es azúcar.	saccharin	saccharine	Süßstoff
echar una cabezada	Dormir un poco.	to doze	faire un petit somme	ein Schläfchen halten
el asiento de atrás	Lugar para sentarse en la parte de atrás de un coche.	back seat	siège (banquette) arrière	Rücksitz
robar (reg.)	Coger cosas sin permiso para no devolverlas.	to steal	voler, dérober	stehlen
el chiste	Broma, cuento o juego de palabras que hacen reír.	joke	blague	Witz
aguantar (reg.)	Soportar, resistir una situación.	to put up with something	supporter	ertragen
el pasaporte	Documento que sirve para entrar en otros países.	passport	passeport	Reisepaß
el destino	Lugar hacia el que vamos. También puede ser las cosas que nos van a pasar en el futuro.	destination	destination	Reiseziel

Palabra o Expresión	Explicación o ejemplo	Inglés	Francés	Alemán
CAPÍTULO VIII				
interlocutor, -a	Persona con la que se habla.	speaker, listener, the other person in a conversation	interlocuteur	Gesprächspartner
el resumen	Pequeña información que se da sobre un tema, película o libro.	summary	résumé	Zusammenfassung
el monitor	Pantalla del ordenador, donde se ven los textos o dibujos; en el aeropuerto se ven en él los horarios y puertas de embarque.	monitor	moniteur	Bildschirm
experto, -a en	Especialista en, que sabe mucho de algo.	expert on	expert en	Fachmann in
dedicarse a (reg.)	Trabajar en...	to do something for a living	se consacrer à	sich widmen, tätig sein
la selva	Terreno con muchas plantas donde viven animales salvajes.	jungle	jungle	Urwald
complicado, -a	Difícil.	difficult	compliqué	kompliziert
sucio, -a	Que no está limpio. Aquí se refiere a trabajar en negocios ilegales.	dirty	sale	schmutzig
la ley	Conjunto de reglas que tiene una sociedad para convivir.	the law	loi	Gesetz
los papeles en regla	Documentos de acuerdo con la ley.	affairs or papers in order	documents en règle	Papiere in Ordnung
apagar (reg.)	Quitar la electricidad a un aparato.	to switch off	éteindre	ausschalten
la pastilla	Pequeña medicina que tomamos por la boca cuando nos duele la cabeza o tenemos una enfermedad. No es un líquido.	tablet, pill	cachet	Tablette
la ventanilla	Ventana pequeña de los aviones.	window	hublot	Fenster

Palabra o Expresión	Explicación o ejemplo	Inglés	Francés	Alemán
CAPÍTULO IX				
el regreso	Vuelta.	return	retour	Rückkehr
despegar (reg.)	Lo que hace el avión cuando empieza a volar.	take off	décoller	starten, abheben
retrasarse (reg.)	Llegar tarde.	to be late, to be delayed	être retardé	sich verspäten
azafata, -o	Mujer que trabaja en un avión ayudando a los pasajeros	air hostess	hôtesse (de l'air)	Stewardeß
en brazos	Estar sostenido por alguien.	in the arms	dans le bras	auf den Armen
aterrizar (reg.)	Cuando el avión baja a la tierra y deja de volar.	to land	atterrir	landen
coronel retirado del ejército	Alto cargo militar que ya no trabaja.	retired army colonel	colonel retraité	Oberst im Ruhestand
la mordedura	Bocado. Lo que hace un animal o persona con la boca en el cuerpo de otro animal o persona.	bite	morsure	Biß
la infección	Se produce cuando entran microbios o virus en el cuerpo y causan enfermedades.	infection	infection	Infektion
poner inyecciones (irreg.)	Clavar en el cuerpo pequeñas agujas para meter medicinas en él.	to give an injection	piqûre	spritzen
sostener (irreg.)	Coger con las manos.	to hold	tenir	halten
de un trago	Beber de una vez.	to drink something in one gulp, "down in one"	d'un seul cour	auf einen Zug
el maletín	Especie de cartera donde los médicos llevan sus cosas.	briefcase	trousse	Aktenkoffer
mentir (irreg.)	No decir la verdad.	to lie	mentir	lügen
la documentación	Conjunto de papeles que se necesitan para hacer algo, en este caso, para viajar a otro país.	documents, documentation	papiers d'identité	Ausweispapiere
el pueblo	Ciudad muy pequeña.	village or small town	village	Dorf
celebrar la boda (reg.)	Hacer una fiesta cuando alguien se casa.	to hold a wedding	fêter le mariage	Hochzeit feiern
el trapo sucio	Trozo de tela con manchas.	dirty rag	linge sale	Schmutzlappen

Palabra o Expresión	Explicación o ejemplo	Inglés	Francés	Alemán
la persiana	Lo que se pone en la parte exterior de la ventana para que no entre el sol o la lluvia.	blind / shade	persiene	Rolladen
el ronquido	Sonido que se hace al dormir.	snore, snoring	ronflement	Schnarchen
borrar (reg.)	Eliminar lo que se ha grabado o escrito.	to rub out, to wipe off	effacer	löschen
a lo mejor	Quizá.	maybe, perhaps	peut-être	vielleicht
CAPÍTULO X				
el fracaso	Caída o ruina de algo que se está haciendo.	the failure	échec	Fehlschlag, Unglück
detener la policía (irreg.)	Parar a alguien la policía para llevarlo a la cárcel o a hacerle preguntas.	ro arrest (police)	arrêter	festnehmen
la aduana	Lugar donde la policía examina las cosas que entran en el país.	customs	doudane	Zoll
el aburrimiento	No hacer nada.	boredom	ennui	Langeweile
cambiar de destino (reg.)	Cambiar un funcionario el lugar donde trabaja. post or job	to move to another	changer d'affectation	versetzen
coger una baja (irreg.)	Dejar de trabajar temporalmente por enfermedad	to have a sick note, be off on sick leave	prendre un congé de maladie	sich krankschreiben lassen
CAPÍTULO XI				
ingresar en una cuenta (reg.)	Meter dinero en una cuenta del banco.	to pay into an account	verser (de l'argent) sur un compte	einzahlen
la pesadilla	Sueño malo.	nightmare	cauchemar	Alptraum
la miel	Producto dulce que hacen las abejas.	honey	miel	Honig
vomitar (reg.)	Echar la comida por la boca después de comer.	to vomit, be sick, thrown up	vomir	sich übergeben
rama seca	Trozo de un árbol que se ha caído y está muerto.	dry branch	branche more (sèche)	trockener Zweig
la porquería	Algo malo y desagradable.	filth, muck. something disgusting	saleté	Schweinerei
tragar (reg.)	Ingerir, comer o beber sin masticar.	to swallow	avaler	schlucken

Palabra o Expresión	Explicación o ejemplo	Inglés	Francés	Alemán
escupir (reg.)	Echar saliva (líquido que está en la boca y que ayuda a ablandar la comida) de la boca.	to spit	cracher	spucken
en coma	Sin conocimiento, sin sensibilidad, sin movimiento.	in a coma	dans le coma	im Koma
la lupa	Cristal que sirve para ver las cosas más grandes.Lo usan los investigadores y detectives como Sherlock Holmes.	magnifyng glass	loupe	Lupe
la uña	Parte dura y final de los dedos que sirve para proteger de los microbios.	nail	ongle	Zehnagel
la mosca	Insecto negro y pequeño que vuela y es muy molesto.	fly (insect)	mouche	Fliege
atar (reg.)	Unir con un hilo.	to tie	attacher	binden
el hilo finísimo	Hilo: material con el que se hacen las telas. Finísimo: que es muy delgado.	Very fine thread	un fil très fin	ein sehr feiner Faden
dar unos pases mágicos	Lo que hacen los magos antes de sacar cosas o animales de su sombrero por ejemplo.	To make magical movements with the hands	faire des pas de magicien	magische Bewegungen vollziehen
la oración	Frases que se dirigen a Dios.	Prayer, act of praying	prière	Gebet
quemar (reg)	Destruir algo con fuego.	to burn, set something on fire	brûler	verbrennen
la cucharada	Cantidad de líquido que hay en una cuchara (objeto metálico que se usa para tomar sopa u otro líquido).	a spoonful	cuillérée	Löffel
la altura	Sustantivo de alto. Lugar muy alto.	height	hauteur	Höhe
el juguete	Cosa que tienen los niños para divertirse.	Toy	jouet	Spielzeug
el dueño	Propietario.	owner	propriétaire	Besitzer, Herr
odiar (reg.)	Detestar, aborrecer.	to hate	haïr, détester	hassen
la vergüenza	Deshonor, estado de ánimo de se da cuando nos pasa algo que nos deja mal ante los demás.	shame	honte	Schande
contratar (reg.)	Hacer que alguien trabaje para nosotros de forma legal.	to employ	engager	einstellen
abandonar (reg.)	Dejar un lugar.	to leave	abandonner	verlassen
la patada	Pegar con el pie a algo.	kick	coup de pied	Tritt
roncar (reg.)	Hacer ruido al dormir	to snore	ronfler	scharchen
inspirado	Que siente que puede pensar bien y que tiene imaginación en ese momento.	inspired	inspiré	inspiriert